「エコノミスト」で学ぶビジネス英語

The Economist

IBCパブリッシング

装幀　鈴木一誌＋大河原哲

はじめに

　インターネットの広がりと共に、世の中はグローバル社会と言われるようになって久しく、海外市場に地歩を得て国外の企業と競争する日本企業の数は増え続けています。よく言われるように、グローバル社会の企業人に英語力は必須ですが、その範囲は英会話に留まりません。

　まず、英語を使って情報を得ること。英語で利用可能な情報は、日本語のものと比べものにならないくらい多いので、情報源が広がります。また、外からの視点で見た日本についても知ることになるので、おのずと、外国人相手の交渉でも通用する、グローバルな視点で物事を見ることができるようになります。さらに、仕事で世の中の情勢に裏打ちされた提案ができる、相手を説得できる手持ちの情報を増やす。そういったことも、グローバル社会におけるプロには必要だと言えるでしょう。また、英語で情報を得ることは、英語で発信することに繋がります。

　すぐにできることではありません。継続して少しずつ積み上げてください。それが必ずあなたの力となります。しかし、当然ながら日々の努力が必要です。その努力は、語学力をアップしながら価値ある情報を得ることに向けられるべきだと考えます。だからこそ、ザ・エコノミストが世界の人々に読まれるのです。近年、ザ・エコノミストは発行部数を伸ばしている数少ないビジネス誌のひとつです。バランスの取れた見識と洞察力によって裏打ちされた本当に必要な情報がそこにあると認められているからだと言えます。

　それだけに、語彙や内容の点で簡単な記事ばかりではありません。だからこそ、英語力を伸ばすのに役立つのです。また、広い背景知識を持つことも重要です。本書はザ・エコノミストを使って英語を勉強する読者が、バランス良く効果的に学習できる内容となっています。

　本書が皆様の英語力向上のお役に立ちましたら、著者としてこの上ない幸せです。

松井こずえ

The Economist

To Japanese Readers from The Economist

The Economist is famous for the quality of its writing, and so is an invaluable tool for improving your English skills, whether you are new to the language or someone who wishes to build upon their existing knowledge.

The Economist's Style Guide states that the first requirement of the magazine is that it should be readily understandable. Hence, by immersing yourself in its articles, reviews and many other offerings, you will learn to express yourself in English clearly and simply. The Economist also follows strict rules of grammar and style, so you will gain a better grasp of how to use English precisely. Reading the magazine's well-argued commentaries and insightful news coverage and analysis will also help make you a better communicator in English, at a level beyond mere small talk. This is especially important today as English is widely acknowledged as being the international language of business. Indeed, The Economist will bring you up to speed on the latest critical thinking, management buzzwords and business terms.

Furthermore, if you subscribe to The Economist, you will not only receive the printed version, but you will also gain access to a suite of tools including mobile apps and The Economist online, so you can enhance your learning of English across several platforms.

One platform that you will find very useful is The Economist in audio, which is ideal for English learners as they can listen to recordings of printed articles, and so work on improving both reading and aural comprehension. This enhanced English learning experience will be reflected in the greater professional skills and confidence you will display when acquitting yourself in business meetings and round-table discussions involving international participants, and in understanding important multinational documents and articles.

ザ・エコノミストから
日本の読者に向けて

　ザ・エコノミストは文章の質が高く、初心者にとっても、更に上を目指す学習者にとっても、英語力向上の非常に貴重なツールになることで知られています。

　ザ・エコノミストでまず必要なのは、「すぐに理解できることだ」と、当雑誌のスタイルガイド（書き方の基準）は記しています。ですから記事やレビューなどに意識を集中させ読むことで、自分の考えをはっきりとシンプルに表現できるようになります。また、ザ・エコノミストは文法やスタイルの厳密な規則に従って書かれているので、正確な英語の使い方をより良く把握できます。十分に検討された解説や眼識あるニュース報道と分析を読むことは、あなたが単なる世間話を超えたレベルの英語のコミュニケーターになる一助となるでしょう。今や英語はビジネスの国際語として広く認められているので、これは特に重要です。実際、ザ・エコノミストは、最新の批判的思考、経営の流行語、ビジネス用語に関する情報を読者に伝えます。

　さらに、ザ・エコノミストを定期購読すれば、雑誌だけでなく、携帯用アプリやオンラインの一連のツールにもアクセスできるので、複数のプラットフォームを利用して英語学習を強化できます。

　非常に便利なのは、ザ・エコノミストの音声ツールです。雑誌の記事を音声で聴けるので、英語学習者の読解力やリスニング力の向上においても理想的です。こうして強化された英語学習の経験が、外国人も参加する会議や討論の場で、また重要な多国籍関連の書類や記事を理解する上で、あなたのプロとしてのより大きな技量や自信として反映されることでしょう。

ザ・エコノミストについて

[ザ・エコノミスト紙]

　ザ・エコノミストは、1843年にイギリスで創刊されました。グローバルな視点で世界のビジネスや政治経済、時事問題はもちろん、科学技術、芸術まで広い範囲をカバーします。区分としては、雑誌でなく週刊の新聞とされています。

　その記事は、深い見識と鋭い洞察で定評があります。世界のリーダーたちによって引用されることも多々あり、政治家や企業の経営陣の重要な情報源となっています。それゆえ、情勢に多大な影響力を持つ重要な政治経済紙と言えるでしょう。

　また、同紙が提示する経済関係の詳細なデータ分析は、ビジネスの先行きを見通すのに大変有用です。他にも、Big Mac Index(ビッグマック指数)という、各国のビッグマックの価格から経済力を測るユニークな指標を提示しています。

　ビジネス成功のためには、世界の流れを把握しておくことが重要です。そのためには、取り上げる内容、記事の視点 が適切でなければなりません。そこに、ザ・エコノミストが世界のビジネスパーソンから支持されている理由があります。

[ザ・エコノミストの構成]

　目次に続くThe world this week(今週の世界)で、その週に起こった世界の主な動きを政治・ビジネスという2つのカテゴリー別に大まかにとらえることができます。さらに、社説Leadersが続きます。editorialではなく英国式で単語leaderを使っています。そして読者からのLettersと状況説明のBriefingです。

　地域ごとの記事は、アジア、米国、米国以外のアメリカ大陸、中国、中東とアフリカ、欧州、イギリスのように分かれています。そして、ビジネス、金融と経済、科学技術、本と芸術といった分野になります。

　以上は、印刷版もウェブ上のコンテンツにアクセスするデジタル版も同じで

す。さらにウェブには、編集チームの討論の動画やブログ・コメントのサイトがあります。また、印刷版の記事が全て音声コンテンツとしてダウンロードできます。

[ザ・エコノミストの記事]

　ご存じのように英語には英国式と米国式で綴りや語彙が違う単語があります。英国紙なので英国式で綴られることや語彙を使うことが多いようではありますが、両方とも使われます。最初は少し戸惑うかもしれませんが、パターンは多くないので、慣れるのは早いです。

　次に単語の綴りの例を示します。前者が英国式、後者が米国式です。

　　　centre — center
　　　criticise — criticize
　　　labour — labor
　　　dialogue — dialog
　　　programme — program

　同紙では、記事は話すようにシンプルにわかりやすく書くと言ってはいますが、読み解くには、背景・語彙・イディオムなどの広い知識が必要です。また、ウィットや含みのある書き方も多々あり、一般の新聞記事と比べるとチャレンジングです。

　日頃から新聞などを読み、ある程度、世界の情勢に通じていると、理解しやすくなります。例えば、一口に欧州経済は危機的状況と言われますが、記事に"北欧の堅実な経済国では……"と言うくだりがあれば、スウェーデンやノルウェーなどのことだなとわかる。そういった知識があれば、理解をより深めることができるのです。

[ザ・エコノミストを使った勉強法]

　一般に経済・金融など専門分野に切り込んだ記事が多く、簡単ではありません。最初は、日本についての記事やご自身の仕事に関連する記事など、背景知識があるもの比較的読みやすいでしょう。ザ・エコノミストのサイトの検索ボックスを使えば、過去の記事まで検索できます。また、記事ページ内には関連記事へのリンクもあります。

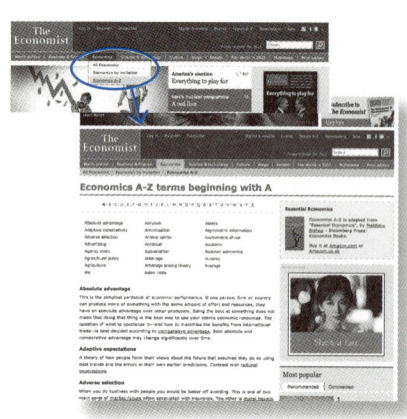

　ウェブ上のEconomics A-Zというページには、経済用語がアルファベット順に英語で説明されています。解説は一般的というよりユニークで、Advertisingなど知っている用語についても興味深く読めるでしょう。ツールバーのEconomicsにカーソルを当てると出てくるプルダウンメニューの一番下にリンクがあります。

　語彙は難しいものも多々出てきます。記事を読んでどんどん語彙力をつけましょう。本書ではニュース記事でよく使われる難しめの語彙も取り上げてあるので、有効に使ってください。

　語彙力をつけるプロセスは、覚えて忘れての繰り返しです。何度も記事で出会う単語はそれだけ定着しやすくなります。"地球温暖化"など、何か自分の興味がある分野に絞って記事を読むことで、覚えたい単語に出会う回数は増える上、その分野の知識を深めることができます。

　ウェブ上で記事を読むときは、単語やフレーズにカーソルを当てると単語の意味が出てくるツールバーの機能やソフトを利用すると便利です。参考までにグーグルツールバーでの設定を記します。（最初にグーグルツールバーのインストールが必要です。なお、執筆時点での設定方法であり変更される可能性があります。）

1. ツールバーのレンチ🔧アイコンをクリックする。
2. [ツール]タブで[翻訳]チェックボックスをオンにする。
3. [編集]リンクをクリックして翻訳する言語の"日本語"を選択する。
4. [保存]をクリックする。

ウェブ上のThe Economist in audioで印刷版の全記事の音声がダウンロードできます。記事がスクリプトとなるので、リスニングの勉強もできます。音声はCNN等と比べるとはっきりゆっくりで、オーディオ教材としてもばっちりです。同時に世界情勢も勉強できます。ツールバーのMultimediaにカーソルを当てると出てくるプルダウンメニューの一番下にリンクがあります。

本書の例文は全て実際のザ・エコノミストの記事で使われたものです。ですから、単語の意味を確認しながらこれらの例文を読んでいくだけでも、語彙力を増強しながらザ・エコノミストで使われる表現・書き方などがだいぶ見えてきます。また、記事を理解する上で有用となる背景知識、分野毎の用語などもバランス良く勉強できます。

いきなりザ・エコノミストはちょっとハードルが高いかも……という場合はぜひとも、実際の記事を読む前にまず手始めとして、本書を利用してください。もちろん、実際の記事と並行して勉強する上でも大変役立つ内容になっています。

CONTENTS

はじめに 3
To Japanese Readers from The Economist 4
ザ・エコノミストについて 6

Part 1　ニュース英語も怖くない　　　　　15

1. ニュース英語のルールを知ろう 16
2. 読みこなすための決まり事を知ろう！............................... 19
　　1. 「国」を表すいろいろな言い方　19
　　2. 特別な住所・建物名　22
　　3. 略　語　22
　　4. 断定を避ける言い方　23
　　5. その他　24
3. ニュース英語の文法を知ろう！....................................... 26
　　1. 倒　置　27
　　2. the ＋形容詞　28
　　3. that 節が主語　29
　　4. 同格・挿入　29
4. 情報を的確に、早く取るための背景知識を知ろう！............ 30
　　[地域編] 30
　　1. 特定の言い方がある地域　30
　　2. 米　国　34
　　3. 中　国　40

4. ロシア　*42*
5. ヨーロッパ　*43*
6. 中東　*44*

[金融政策編] *45*

[経済編] *49*
1. 経済一般　*49*
2. 会社　*53*
3. 組織・機関・会議　*58*

Part 2　実際の記事を読んでみよう　63

Apple's record-breaking valuation—From pipsqueak to powerhouse ... *64*
アップルの記録破りの評価額——チビ公から最強の企業へ

Japan's new conservatives—Talking bout a restoration *68*
日本の新しい保守派——回復へのひと勝負

Fighting Malaria—Net benefit *74*
マラリアとの戦い——正味の利益

India and China—Friend, enemy, rival, investor *78*
インドと中国——友人、敵、競争相手、投資家

Singletons—The attraction of solitude *88*
独身者たち——独身の魅力

11

Part 3　覚えておこう、この単語・この表現　*97*

重要語彙[一般]……………………………………………………… *98*
　動詞・句動詞　*98*
　名詞　*127*
　形容詞・副詞　*142*
　フレーズ　*155*

重要語彙[分野別]…………………………………………………… *169*
　政治・政府・国会　*169*
　税　*175*
　外交　*176*
　選挙　*179*
　政変　*183*
　戦争・軍事　*185*
　企業・雇用・解雇　*189*
　銀行　*192*
　融資・株式市場・投資　*193*
　会計　*197*
　産業　*199*
　貿易　*200*
　エネルギー・資源　*201*
　IT・インターネット　*205*
　災害　*208*
　事件・事故　*209*
　法律・裁判・起訴　*214*
　人権・教育　*218*

CONTENTS

社会・福祉厚生 *221*
宗教・倫理 *224*
文化・メディア *225*
健康・医療 *227*
科学 *230*
ビジネスで使えるフレーズ *231*

Index *236*

Part 1
ニュース英語も
怖くない

ニュースで使われる英語の特徴や
一般的な背景知識を学びます。
ニュース独特の言い方や、
知っておきたい文法事項を確認しましょう。
また、背景知識は、
地域、金融政策、経済の3つのカテゴリーに分け、
整理して説明しています。
どれもニュースをより深く理解する上で、
大いに役立つこと間違いなしです！

Part 1
1 ニュース英語の ルールを知ろう

> **The Economist**
> EXTRA investment is a peculiarly effective form of stimulus in China. It is quick: local governments and state-owned enterprises always have lots of grand expansion plans up their sleeves, which they scramble to implement whenever Beijing gives the nod. It can also be labour-intensive. The construction boom in 2009 employed lots of people laid off from export factories.
>
> Sep 14th 2012、10:05 by S.C. | HONG KONG
>
> 中国では、追加投資は特に効果的な刺激策となる。素早いのだ。地方政府や国有企業は常に多くの壮大な拡張計画を用意しており、中国政府が同意すればいつでも大急ぎで実行に移す。また大きな労働力を必要とすることもある。2009年の建築ブームでは、輸出品の工場を解雇された多くの労働者が雇用された。

[単語解説]

- peculiarly　特に
- up one's sleeve　ひそかに用意して
  ＊袖の中にカードを隠し持つことから。
- scramble to do　先を争って〜しようとする
- implement　実行する、実施する
- labour-intensive　労働集約型の
- lay off　（一時）解雇する

> 中国の景気に陰りが見える中、経済を再活性化させるため、政府は資本をどう割り当てるのかについての記事です。本文で出てくる Beijing は中国政府。このように、首都名で政府や国を指すことがよくあります。ニュース英語の特徴を見てみましょう。

首都名で政府・国を表す

☐ **Tokyo** 日本（政府）

☐ **Beijing**（北京） 中国（政府）

☐ **Washington** 米国（政府）
＊「米国、米国政府」を擬人化して **Uncle Sam** とも呼ぶ。頭文字が同じU.S.だからといわれている。

☐ **Moscow** ロシア（政府）

☐ **Seoul** 韓国（政府）

☐ **Pyongyang** 北朝鮮（政府）

記事は一般に逆三角形

　ニュース記事の一般的な構成は、以下のようになっています。

〈**Headline**（見出し）〉

〈**Lead**（書き出し）〉← 第1パラグラフ

〈**Body**（本文）〉← 第2パラグラフ以降

〈**Headline**〉

　内容を数語のセンテンスなどで短く提示します。冠詞が省略されるなど文法的には正しくない場合もあります。中にはイディオムや格言、またそれらをひねったものもあり、知らないとわかりにくい場合も。

〈**Lead**〉

　いつ、どこで…といった5W1Hが出てくるのが一般的です。ザ・エコノミス

トは、必ずしも5W1Hではなく、記事の摘要が読者の興味を引くようなスタイルで書かれることが多いようです。

〈Body〉

詳細が書かれます。一般にニュース記事は「逆ピラミッド型（inverted pyramid style）」と呼ばれ、重要な情報から徐々に重要度の低い情報へと続きます。

シンプルに書く、なるべく受動態を使わない

シンプルでわかりやすくするため、受動態でなく能動態で書くことが推奨されています。

例えば、受動態でIt is estimated by analysts that…という文は、能動態でAnalysts estimate that…と書いた方が、文がすっきりしており内容が明確に伝わります。

同じ単語を使わず言い換える

文が単調になるのを防ぐため、英文では同じ単語を使わずに言い換えることが多々あります。言い換えられた表現が何を指しているのかを見失わないためには、語彙を増やし、また類語も意識して覚えましょう。

（例）「増税」a tax rise → the tax hike → the increase in tax

ハイフンを使って引き締める

ハイフンを使った形容詞だと文が短く引き締まるので、好まれて使われる傾向があります。

（例）**five-and-a-half years later**　5年半後
（例）**too-good-to-be-true yields**　本当だと思えないくらい良い利回り
　　＊too good to be true 信じられないような良い、話がうま過ぎる
（例）**the once-every-five-year general election.**　5年に1回の総選挙

2 読みこなすための決まり事を知ろう！

Part 1

1.「国」を表すいろいろな言い方

> **The Economist**
>
> BRAZIL and China are often lumped together in the BRIC group of big emerging economies. Yet commercial tensions between these two rising powers are growing. This week's issue of The Economist explores their trade relationship and Brazil's protectionist measures aimed at its biggest trading partner. It also includes stories on Lima's new Metro, Mahmoud Ahmedinejad's latest trip to Latin America and crime mobs in Colombia.
>
> Jan 12th 2012, 22:43 by The Economist online
>
> ブラジルと中国は、BRICという大きな新興経済国のグループにひとまとめにされることが多い。だがこの２つの大国の間では、商業面での緊張が高まっている。今週号のザ・エコノミストでは、ブラジルと中国の貿易関係と、最大の貿易相手国に対するブラジルの保護貿易政策を探求する。また、リマの新しい地下鉄、アフムード・アフマディネジャド大統領のラテンアメリカへの最近の訪問、コロンビアの犯罪組織についても報告する。

［単語解説］
- □ **lump together** ひとまとめにする
- □ **protectionist measures** 保護貿易政策
- □ **mob** 暴徒、犯罪グループ

> その週の記事内容を紹介するオンラインの記述です。「国」の言い方は、country、nation、state以外にもいろいろあり、ここで出てくるemerging economiesは「新興経済国」、rising powerは「大国」で、economyやpowerは「国」を指します。

☐ **power**　経済力、軍事力など「国力が強い国、強国」

rising power　大国
economic power　経済大国

☐ **superpower**　文字通り「超大国」

例文 Australia will emerge as a gas superpower as it begins to deliver large quantities of LNG from offshore fields.
オーストラリアは、沖合のガス田から大量の天然ガスを供給し始めると、ガスの超大国となるだろう。

＊LNG = liquefied natural gas　液化天然ガス

☐ **powerhouse**　「発電所」だが、そこから「強力な国や組織」の意味でも使われる。

例文 Car sales in Europe are plunging, even in Germany, the continent's economic powerhouse.
欧州の自動車販売台数は急落している。欧州大陸で一番の経済大国であるドイツですらだ。

＊plunge　飛び込む、急落する

☐ **economy**　経済圏、つまり「経済面で見たときの国」としても使われる。

China as the world's second largest economy　世界第2位の経済国としての中国
the advanced industrial economies　先進工業国

□ **soil**「国、国土」

〈on 国名の所有格 soil〉「〜の国で」

例文 Many refugees are likely to remain on Pakistani soil for years to come.
この先何年も、多くの難民がパキスタンに留まりそうだ。

＊for years to come この先何年も

□ **home**「母国で[へ、に]」

例文 The restaurant earns valuable hard currency to be shipped back home.
そのレストランは、本国に送られる貴重な交換可能通貨を稼ぐのだ。

＊hard currency 強い通貨、交換可能通貨

〈at home〉「自国で、本国で」

例文 Despite much adverse commentary, Chancellor Angela Merkel remains surprisingly strong at home.
否定的な論評が多いにもかかわらず、アンゲラ・メルケル首相は自国では驚くほど力が強いままだ。

【その他】

□ **ally** 同盟国、友好国　　＊発音注意 [əlái]

□ **emerging country** 新興国

近年経済成長が著しい国

□ **developing country** 発展途上国

□ **developed country** 先進国

□ **industrialised country** 先進国、工業先進国

2. 特別な住所・建物名

代表的な建物の住所やその名称で、官公庁を示します。

☐ (No.10) Downing Street　英国政府、英国首相官邸

ダウニング通り10番地は、イギリスの首都ロンドンのWestminsterにある首相官邸の住所。

　a Downing Street adviser　英国政府顧問

☐ Whitehall　英国政府、ホワイトホール

ホワイトホールはロンドンにある官庁街。日本で言えば霞が関。

☐ White House　アメリカ政府

ホワイトハウスは、アメリカ大統領の官邸。その住所 1600 Pennsylvania Ave でホワイトハウスを指すことも。
なお、ホワイトハウスにある「大統領執務室」は部屋の形が卵形 [楕円形] であることから oval office と呼ばれている。

☐ Pentagon　米国国防総省

建物の形が5角形 (pentagon) であることから。

☐ Kremlin　ロシア政府

クレムリンは、ロシアの首都モスクワにある旧ロシア帝国の宮殿。現在は大統領府や大統領官邸が置かれている。正面には赤の広場 (Red Square) がある。

3. 略　語

記事ではいろいろな略語が使われます。記事中で説明なく出てくる場合もあるので、一般的なものは覚えておきましょう。

☐ PM = prime minister　首相

☐ VP = vice-president　副大統領、副社長、副部長

- **exec = executive** （会社の）重役

  > 例文 My pro bono work is done with non-profit leaders, but most of my clients are in business, yes. I had one best-selling author, but they're almost all CEOs or VP execs.
  >
  > 私の無料奉仕の仕事は非営利団体のリーダー相手ですが、顧客のほとんどはビジネス関係です、はい。1人ベストセラー作家がいましたが、ほぼ全員がCEOか副社長レベルの重役です。
  >
  > * pro bono 無料奉仕の

- **Gov.** 知事（= governor）

- **NYPD = New York City Police Department**
  ニューヨーク市警

- **MIT = Massachusetts Institute of Technology**
  マサチューセッツ工科大学

- **expat = expatriate** 国外在住者、海外駐在員

  expat community 外国人居住者のコミュニティ

4. 断定を避ける言い方

記事では必須の、客観性や情報源を示す言い方を見てみましょう。

- **sources** 情報源

  And sources tell me he wants to … 情報筋が私に言うには…
  Sources close to A say … Aに近い情報筋は…と言う

- **alleged** 容疑がかかっている

  断定されていないことを示している。

  > 例文 He is alleged to have stolen a car.
  > 車を盗んだ容疑がかかっている。

  alleged murderer 殺人容疑者

- **according to** 〜によると
- **by one estimate** ある見積もりによると
- **apparently** 〜のようだ
- **allegedly** 申し立てによると、伝えられるところでは
- **reportedly** 伝えられるところによれば、報道によれば
- **unidentified** 未確認の、匿名の

    from an unidentified source 情報源は確かでないが
    unidentified official 匿名の当局者

5. その他

- **aka = also known as** 〜の別名でも知られる、別名〜

    例文 The New York City-born Stefani Joanne Angelina Germanotta (aka Lady Gaga) kicked off her enormous world tour.
    ニューヨーク市生まれのステファニー・ジョアン・アンジェリーナ・ジャーマノッタ（別名レディー・ガガ）は大規模な世界ツアーをスタートした。

    ＊enormous 非常に大きい　kick off 始める

- **e.g.** 例えば (= **for example**)

    ラテン語 exempli gratia から。

    例文 Look for luxury designers to tailor goods to local tastes, e.g. Prada's "Made in India" collection featuring woven sandals and embroidered cotton dresses.
    商品を地元の好みに合わせる高級デザイナーを求める。例えば、編んだサンダルや刺繍付き綿ドレスを特徴としたプラダの"メイドインチャイナ"コレクション。

    ＊tailor 仕立てる、合わせる

- **ie** すなわち、つまり

    ラテン語 id est の略

例文 P&G is reckoned to have been slower at "reverse engineering" its products to be affordable to poorer customers: ie, starting with the price the customer can pay, then working out how to deliver a product profitably.

P&G社は、自社商品を低所得の顧客が無理なく買えるように"逆転変更操作"をするのが遅かったと考えられている。つまり、顧客が払える価格から始め、それから利益が出るように商品を送り届ける方法を見いだすことだ。

＊work out ～を苦労して解く

□ [sic] 原文のまま（ラテン語）

例文 Even if I bought a real one, it's really embarrassed [sic] if other people think it's fake.

本物を購入しても他人がそれを偽物だと思ったら、（私には）とても恥ずかしいことです。

（解説）引用で使われる。例文のembarrassedは、文法的にembarrassingでないと誤りだが、直後に[sic]を置くことで敢えてそのまま引用したことを示している。

□ 数字の後の m は million、bn は billion

省略形mはmillion（100万）を表す。例えば$500mは500 million dollars、$2.8bnは2.8 billion dollarsのこと。

例文 Demand (for oil) in America and the larger European economies has dropped by 1.5m b/d.

米国や欧州大国での石油需要は、日産150万バレル落ちた。

＊b/d = barrels per day 日産バレル（1日の産油量）

3 ニュース英語の文法を知ろう！

ECONOMISTS do, however, appear to agree on two things. First, the new tax legislation looks likely to give politicians plenty of room to stall in 2014 should growth not appear robust enough. Second, if the consumption tax is raised, then all the more reason for Japan to redouble efforts to promote economic growth, mostly through productivity-enhancing measures such as spurring foreign investment and entrepreneurship.

Jun 23rd 2012 | TOKYO | from the print edition

経済学者たちはしかし、2つの点では意見が合うようだ。1つ目は、新しい課税法では、充分に力強い成長がなければ、2014年には政治家が手詰まりになってしまう可能性が高い。2つ目は、消費税が上がれば、なおさら日本は経済成長を促す努力を倍増する理由となる。外国投資や起業家精神の促進など主に生産性を高める方法を通しての努力だ。

[単語解説]

- legislation 法律制定、法律、課税立法
- room 余地、可能性 ＊この意味では不可算名詞
- stall 立ち往生する、エンストする
- robust 強健な、強固な
- all the more reason to do だからこそ～する、なおさら～する理由だ
  ＊直前の内容が"～する理由"となる。文法的には頭にit [that] isが省略されている。
- redouble ～を倍加する、強める
- spur 拍車を掛ける
- entrepreneurship 起業家精神

> 日本の消費税増税についての記事です。2語目のdoは動詞appearを強調した形です。また、2文目最後のshould growth not appear…の部分はifを省略した倒置文となっています（詳細は下を参照）。正しく意味を取るには、このような文法的な知識も大切です。

1. 倒　置

ifを省略したときの倒置

　ifを省略して、主語と助動詞/be動詞を倒置する仮定法が使われることがあります。

　　Were it not for… = If it were not for　～がなければ（仮定法過去）
　　Had it not been for = If it had not been for　～がなかったら（仮定法過去完了）

例文 The new tax legislation looks likely to give politicians plenty of room to stall in 2014 should growth not appear robust enough.
　　新しい課税法では、充分に力強い成長がなければ2014年には政治家が手詰まりになってしまう可能性が高い。

（解説） should growth not appearは、If growth should not appear robust enough…のifを省略して倒置したもの。if+主語+shouldは"万一～なら"と可能性が少ないことを示す。

否定語が文頭に来た時の倒置

　Not（only）、Hardly、Never、Little、Only+副詞句、など否定の副詞句が文頭に来ると、〈助動詞＋主語＋動詞〉の形に倒置されます。

例文 Not only do high food prices weigh heavily on the incomes of the poor, they lead to more political unrest.
　　食品価格の高騰は貧しい人々の所得を圧迫するだけでなく、政情不安につながる。

（解説） do high food prices weighに注目。Not onlyが文頭に来たため、〈助動詞＋主語＋動詞〉と疑問文のような形に倒置されている。主語はhigh food prices、動詞はweigh on（～にのしかかる）。

位置を表す副詞句の倒置

〈Among［Behind、On、Under…］など位置を表す副詞句＋動詞＋主語〉の形に倒置されることがあります。

例文 Among the wedding party were several other sons and daughters "of Our Patriarch Abraham".

披露宴には、"我らが始祖アブラハム"の子供たち数人がいた。

＊Abraham アブラハム（ユダヤ人の始祖）

（解説） 倒置されないと、Several other sons and daughters … were among the wedding party. となる。このように主部が長い場合や強調するときなどに倒置されることがある。

2. the ＋形容詞

〈the ＋形容詞〉で、「～な人・モノ」を表します。

the poor 貧しい人たち
the rich 金持ち
think the unthinkable とてつもないことを考える

＊よく使われるセットフレーズ。the unthinkable の部分は〈the＋形容詞〉の形で、"考えられないこと、思いもよらぬこと"の意味。

例文 He hopes more economists will do the hard but valuable work of pricing the seemingly priceless.

より多くのエコノミストが見たところ値段のつけようもないものに価格をつけるという難しいが価値のある仕事をするよう彼は望む。

3. that 節が主語

that 節が主語となる場合があります。意味は「〜ということ」。

例文 That Mr Obama has botched the recovery is already a pillar of Mr Romney's campaign.
オバマ氏が（景気）回復をし損なったことは、既にロムニー氏の選挙運動の柱となっている。

＊botch 〜を（下手にして）だめにする　pillar 柱

（解説） 文の主語は that。その内容は、that 以降 … recovery まで。

例文 The good news is that America's obesity rate appears to have stopped rising.
うれしいことに、米国の肥満率の上昇が止まったようです。

（解説） that 以降が、good news の内容。

4. 同格・挿入

前後にカンマを付けた挿入で、直前の名詞句を説明します。

例文 Takuji Aida, an economist at UBS, a Swiss bank, believes that the government…
スイスの銀行 UBS の経済専門家である会田卓司氏が思うに、政府は……

（解説） an economist at UBS は直前の Takuji Aida の肩書を説明する同格の名詞句、a Swiss bank は直前の UBS を説明している。

4 情報を的確に、早く取るための背景知識を知ろう！

地域編

1. 特定の言い方がある地域

> **The Economist**
> WITH world economic growth of around 4%, the IMF forecasts that sub-Saharan Africa's GDP will grow by 5.3% this year and 5.8% in 2012. But if the global recovery slows, as seems likely, South Africa and other countries that trade heavily will be affected. Indeed, output and employment in a few mostly middle-income countries, including South Africa, have yet to return to pre-crisis levels. High food and fuel prices are creating inflationary pressures, and a severe drought has displaced nearly 1m people and might cost Ethiopia and Kenya half a percentage point of GDP.
>
> Oct 22nd 2011 | from the print edition

世界経済成長は約4%の中、IMFはサブサハラ以南のアフリカではGDPが今年5.3%、2012年には5.8%成長すると予想する。だが、世界経済回復のスピードが遅くなれば、貿易が多い南アフリカなどの国々が影響を受けるだろう。実際、南アフリカを含む2,3の主に中所得国では、生産高と雇用が金融危機前のレベルに戻っていない国がいくつかある。食物及び燃料価格の高騰がインフレ圧力を生んでおり、また、ひどい干ばつで百万人近くが家を追われ、エチオピアやケニアではGDPの0.5%を失うことになるかもしれない。

[単語解説]
- forecast 予想[予測]する
- drought 干ばつ
- displace 立ち退かせる

> サブサハラ以南のアフリカのGDP成長率を国際通貨基金（IMF）が予想した記事です。sub-Saharan Africaはアフリカ大陸のサハラ砂漠より南の地域を指します。このように、特定の国、地域を表す言い方があります。

Sub-Saharan Africa　サハラ以南のアフリカ、サブサハラ

アフリカ大陸のサハラ砂漠より南の地域。黒人が多いことからブラックアフリカ（black Africa）とも呼ばれる。多くの部族（tribe）が住み、部族間の抗争が深刻。貧困やマラリア（malaria）、エイズ（AIDS）で苦しむ国も多い。

Horn of Africa　アフリカの角

アフリカ大陸東部の地域で、ソマリア（Somalia）とエチオピア（Ethiopia）の一部。形がサイの角に似ているためこのように呼ばれる。

インド洋からスエズ運河（Suez Canal）を通る地中海への海上交通ルートにあるが、内戦や紛争など政情は不安定。海賊（pirate：海賊、piracy：海賊行為）問題もあり、国際社会に脅威を与えている。干ばつによる食糧不足（food shortage）などのため、貧困（poverty）や飢饉（famine）に苦しみ人道支援（humanitarian support）が必要。

Ivory Coast　象牙海岸、コートジボワール

コートジボワール（Côte d'Ivoire）共和国の別称。

Gulf States　ペルシャ湾岸諸国

ペルシャ湾（Persian Gulf）に臨む石油産出諸国。サウジアラビア（Saudi Arabia）、アラブ首長国連邦（UAE = the United Arab Emirates）、カタール（Qatar）、クウェート（Kuwait）、バーレーン（Bahrain）、オマーン（Oman）。

別に、米国のメキシコ湾岸諸州（フロリダ、アラバマ、ミシシッピー、ルイジアナ、テキサス）を指すこともある。

tribal areas　トライバル・エリア、部族地域

特にパキスタン国内北西部のアフガニスタンとの国境沿い地帯が知られている。この地域は部族によって統治されて（be ruled by a tribe）おり、パキスタン政府の支配はわずかにすぎない。2003年以降イスラム原理主義組織タリバン（Taliban）はこの地域を中心に活動している。

> **例文** A demand for an end to missile strikes in Pakistan's tribal areas is unlikely to be met.
> パキスタンの部族地域でのミサイル攻撃終了の願いは叶えられそうにない。
> ＊meet a demand 要求を満たす

□ (former) Soviet bloc 旧ソビエト圏

旧ソ連 (Soviet Union) と旧ソ連と軍事同盟を結んでいた東欧諸国 (ポーランド、ルーマニア、ブルガリア、チェコスロバキア、東ドイツなど) と、旧ソ連を支持する共産主義国 (北朝鮮、ベトナム、キューバなど)。Communist bloc「共産圏」とも呼ばれる。bloc は、国や人のグループ。

□ 38th parallel 38度線

朝鮮半島を南北に分ける軍事境界線 (military boundary)。北緯38度線上に定められた。1953年休戦協定が結ばれ、停戦ラインから南北2キロずつに非武装地帯 (DMZ=demilitarized zone) である緩衝地帯 (buffer zone) がある。

□ Pacific Ring of Fire 環太平洋火山帯

太平洋 (Pacific Ocean) を取り囲む火山帯 (volcanic belt)。the ring of fire と呼ぶこともあるが、これには金環食 (annular eclipse) の意味もある。

□ Corn Belt コーンベルト、トウモロコシ地帯

アメリカ中西部のトウモロコシを多く生産する地帯。アイオワ、イリノイ、インディアナ州などで、これらの州を corn-belt states と呼ぶこともある。

□ breadbasket 穀倉地帯

直訳は「パンを入れる籠」。
the breadbasket of the Arab アラブの穀倉地帯。

□ green belt グリーンベルト、緑化地帯

> **例文** The biggest constraint on development in London is the Green Belt.
> ロンドン地域開発の最大の制約は、緑化地帯だ。
> ＊constraint on ～に対する制約

☐ **nuclear club** 核保有諸国、核クラブ

核兵器を保有しているとみなされている国。核拡散防止条約（NPT = Nuclear Nonproliferation Treaty）で核兵器保有を認められている米・ロ・英・仏・中の5か国、および条約非批准のインド、パキスタン、北朝鮮の3か国は保有を公式に表明している。他に核保有が疑われる国が複数ある。

> **例文** Turkey and Egypt might conclude they have to join the nuclear club.
> トルコとエジプトが核クラブに加わらねばと判断するかもしれない。

☐ **BRICs** ブリックス

ブラジル（Brazil）、ロシア（Russia）、インド（India）、中国（China）の新興4か国。国名の頭文字からこう呼ばれる。南アフリカ共和国（South Africa）を加え、複数形の最後のsを大文字にしてBRICSとすることもある。

いずれも経済発展が著しく、また広い国土と多くの人口、豊富な資源を持つことから、更なる経済成長が見込まれている。

☐ **Middle Kingdom** 中国

☐ **Sino-** 中国の、中国と〜の

連結形で使われる。
Sino-US relations 米中関係

☐ **Burma** ビルマ

ミャンマーの旧国名。改名を行った軍事政権（military junta）を認めない活動家やメディアは"ビルマ"を使い続けるものもある。

> **例文** Myanmar's election commission has chided her for not "respecting the constitution", by repeatedly calling the country not "Myanmar" but "Burma".
> ミャンマーの選挙委員会は、国をミャンマーでなくビルマと繰り返し呼んで憲法を尊重しないと、彼女（アウン・サン・スー・チー）を叱った。
>
> ＊chide 人 for 〜　人を〜のことで叱る、たしなめる

2. 米　国

米国、アメリカ　　　　America、United States、U.S.

アメリカ合衆国　　　　United States of America

(首都) ワシントン D.C.　Washington, D.C.

The Economist

BY PICKING Paul Ryan, an athletic and brainy young congressman from Wisconsin, as his running-mate Mitt Romney has delighted Republicans and Democrats in equal measure. To the Republican base, Mr Ryan is the distilled essence of tea, a determined tax-cutter and state-shrinker. To the Democrats, he makes a perfect target for exactly the same reasons. But no one can accuse Mr Romney any longer of being unclear about what he will do if he makes it to the White House.

運動が得意で頭の良いウィスコン州の若いポール・ライアン下院議員を副大統領候補として選んで、ミット・ロムニーは共和党員と民主党員を同じぐらい喜ばせた。共和党陣営にとっては、ライアン氏はティーパーティー運動の体現（蒸留した茶のエキス）、つまり断固とした減税と小さな政府の支持者だ。民主党陣営には、ライアン氏はまさしく同じ理由で完璧な標的となる。だが、ロムニー氏が大統領になれば何をするのか明確ではないと言って、彼を非難することはもはや誰もできない。

[単語解説]
- running-mate　副大統領候補
- in equal measure　同程度まで、同等に
- distilled　蒸留した
- determined　決然 [断固] とした
- make it to　〜に到達する

2012年11月の米国大統領選挙に向け、ロムニー共和党候補がライアン氏を副大統領候補に選んだことについての記事です。Republican（共和党員）やDemocrat（民主党員）、congressman（米国では下院議員を指す）など、米国の政治に関する用語が出ています。

【政治】

50州とコロンビア特別区 District of Columbia からなる連邦制。

米国政府は、連邦政府 federal government と州政府 state government、州の下に地方政府がある。

大統領の任期は4年。3選は禁止されており最大で2期8年まで。拒否権を持つ。

議会 Congress は、"the Senate"と呼ばれる上院 upper house と、"the House of Representatives"と呼ばれる下院 lower house の二院制 bicameral system。

議席は共和党 Republican Party 別称 GOP = Grand Old Party（シンボルは象）と民主党 Democratic Party（シンボルはロバ）のほぼ2大政党制 two-party system。

□ Senate　上院
米国・カナダ・フランスなどの上院

□ Senator　上院議員
Sen. と略される。

□ House of Representatives　下院
米国・オーストラリアなどの下院、（日本の）衆議院

□ Representative　下院議員
Rep. と略される。

Sen. Mitch McConnell　ミッチ・マコーネル上院議員
Rep. John Boehner　ジョン・ベイナー下院議員

□ Congressman　（米国の）国会議員、（特に）下院議員

□ Republican　共和党員

□ Democrat　民主党員

- **red state** 赤い州
  共和党を支持する傾向の州

- **blue state** 青い州
  民主党を支持する傾向の州

- **swing state** 接戦の州、揺れる州
  特定政党への支持傾向がない州

【法律】

連邦法（全州に効力がある）と州法（各州のみ）がある。

州には大きな自治権 autonomy があり、
連邦法 federal law は外交や州をまたぐ通商分野に限られる。
刑法など一般的法律を規定するのは州法 state law。
そのため、州によって銃規制、死刑制度の有無、結婚・離婚、酒類の販売、運転免許取得年齢など、様々な違いがある。

- **First Amendment** 米国憲法修正第1条
  "言論や宗教の自由" など基本的人権を定めた条項

  参考 the freedom of speech 言論の自由

- **take the fifth** 黙秘権を行使する
  Fifth Amendment（米国憲法修正第5条）は黙秘権を行使することを認めた条項

- **file for Chapter 11（bankruptcy）** 企業の再建型の倒産申請を行う
  Chapter 11「連邦破産法第11章」は、企業の"再建"手続きを規定。日本の会社更生法に相当。会社は存続する。なお、企業でなく個人の再建型の破産申請を定めるのは、Chapter 13「連邦破産法第13章」。また、再建でなく清算・廃業手続きを規定するのは Chapter 7「連邦破産法第7章」（日本の破産法に相当）。

【社会問題】

☐ racial discrimination, racism 人種差別

米国は世界有数の多民族国家（multiethnic country）。
特定の人種や宗教への偏見に根差したヘイトクライム・憎悪犯罪（hate crime）や、白人至上主義（white supremacy）団体のKKK（Ku Klux Klan クー・クラックス・クラン）による凶悪犯罪など。

☐ immigrant 移民

ヒスパニック（Hispanic）がマイノリティーの最大勢力。メキシコからの不法移民（illegal immigrant）も増加している。

☐ drugs 麻薬

メキシコ国境に接する州では、麻薬組織（drug cartel）による密輸（smuggle）に対して、国境検問所（checkpoints at a border crossing / border checkpoint）での取締りを厳しくしている。

☐ gun-related crime 銃犯罪

銃乱射事件（shooting rampage [incident]）などが起こるたびに銃規制の動きが起こるが、銃愛好家の圧力団体であり強力な政治的発言力を持つ全米ライフル協会（National Rifle Association）によって阻まれている。

☐ public health insurance 公的保険

65歳以上の高齢者・障害者向けのメディケア（Medicare）、低所得者向けにメディケイド（Medicaid）と呼ばれる公的医療保険システムがある。日本のような国民皆保険（universal healthcare system）はなく、国民の大半は民間の医療保険に頼っているが、保険料が高額で保険に入れない人も多い。
オバマ政権下、安価な保険の提供を目的に、国民の保険加入義務化を定めた医療保険制度改革法（health-care reform。オバマケアObamacareとも呼ばれる）が2010年3月成立。

☐ gap between the rich and the poor 所得格差
☐ income disparity 所得格差

米政府が食料費補助として低所得者向けにフードスタンプ・食料配給券（food

stamp）を発行している。主に低所得者層で、ファーストフードなどの偏った食事や運動不足による肥満（obesity）の問題がある。

【教育】

☐ charter school　チャーター・スクール

州政府の資金援助を受け、保護者や地域住民などによって運営される学校。一定の成果を出さないと閉校になるため特別なカリキュラムが組まれ、優れた生徒が集まる傾向がある。

☐ school voucher　スクール・バウチャー

私立学校の学費などをバウチャー（クーポン）で支給する制度。学校選択の幅を私立にも広げ、学校間が競争することで教育の質をあげようとする取り組み。

【代表的株価指数】

米国の代表的株価指数

☐ Dow Jones Industrial Average　ダウ平均株価

ニューヨーク証券取引所 NYSE（New York Stock Exchange）優良株の30種平均。米国を代表する経済紙ウォール・ストリート・ジャーナルを発行するダウ・ジョーンズ社（Dow Jones & Company）が発表する。

☐ Nasdaq Composite Index　ナスダック総合指数

ニューヨークにある全米証券業協会（NASDAQ）で取引される全銘柄から算出した指数。NASDAQには、マイクロソフトやグーグルなどが上場しているため、特にIT関連の指標として重要。

☐ Standard & Poor's 500 Stock Index　S&P500

スタンダード・アンド・プアーズ社が、ニューヨーク証券取引所、アメリカン証券取引所、NASDAQから代表的な500銘柄の株価を基に算出。機関投資家の運用実績を測る指標とされる。

□ **Fortune 500 company** フォーチュン500社

米フォーチュン誌が総収入に基づき年一回ランキングを出す全米上位500社。大企業の代名詞としても用いられる。

【主な出来事】

□ **9/11** アメリカ同時多発テロ事件（September Eleven(th)、Nine Elevenなどと読む）

2001年9月11日米国で発生したテロ事件。ハイジャックされた旅客機が突入した世界貿易センタービル（World Trade Center）のツインタワーが倒壊した跡地は"爆心地"を意味するグラウンド・ゼロ（ground zero）と呼ばれている。

□ **global financial crisis** 世界金融危機

2007年に、信用度が低い借り手への住宅ローンであるサブプライムローン（Sub Prime Loan）の問題が表面化して、米国の住宅バブルが崩壊。翌2008年には米投資銀行リーマン・ブラザーズが倒産した（リーマン・ショック Lehman Shock）。世界中に金融不安が広がり株価が暴落し、各国政府は公的資金投入など対応に追われた。

□ **the Great Recession** 大不況

サブプライムローンの破綻に端を発し2007年12月に始まったとされる世界的大不況を、1930年代に米国で起こった大恐慌（Great Depression）と対比させて、しばしばこのように呼ぶ。

□ **Occupy Wall Street** ウォール街の占拠

2011年秋にニューヨークで始まり世界各地に広がった格差是正を求める運動。「我々は99％だ」とのキャッチフレーズで1％の大金持ちが富を独占していることを示した。

3. 中 国

中国	China
中華人民共和国	People's Republic of China = PRC
（首都）北京	Beijing

> **The Economist** THE DPP(the pro-independence Democratic Progressive Party) lost power in 2008. Never mind that its successor, the Kuomintang, is the Chinese Communist Party's old enemy. Under Ma Ying-jeou, Taiwan is being pragmatic. The Taiwanese people appear to want neither to enrage China by seeking independence, nor to want to surrender their democracy to a one-party state.
>
> Dec 2nd 2010 | from the print edition
>
> 独立派の民主進歩党（台湾）は2008年に政権を失った。後継した中国国民党が中国共産党の宿敵だったことは気にしなくて良い。馬英九総統の下、台湾は実利的だ。台湾の人々は、独立を求めて中国を怒らせることも、民主主義を一党独裁国に引き渡すことも望んでいないようだ。

［単語解説］
- □ successor 後継者
- □ Kuomintang 中国国民党
  ＊台湾の政党。中国共産党との戦いに敗れ台湾に移った。
- □ old enemy 宿敵
- □ pragmatic 実際的な、実用的な
- □ enrage ～を怒らせる
- □ surrender 引き渡す、放棄する

> 台頭する中国と台湾の関係についての記事です。Chinese Communist Partyは中国共産党です。最後のa one-party stateは、共産党一党独裁である中国のことで、このような国や地域特有の背景知識も重要です。

☐ People's Republic of China 中華人民共和国

人口は世界最大で 13 億人を超える。GDP では世界第 2 位の経済大国。北朝鮮は同盟国。
大統領に相当するのは国家主席（President of the People's Republic of China）。

政党は実質的に中国共産党（Chinese Communist Party）の一党独裁国（one-party state）。議会は、全国人民代表大会（National People's Congress（NPC））。党の軍である中国人民解放軍（Chinese People's Liberation Army）が事実上の国軍である。
地方役人（local official）の汚職（corruption）が多く問題になっている。また、反政府的サイトを閉鎖させるなど政府によるインターネットや新聞の検閲（censorship）を行っている。独立を求めるチベット（Tibet）、新疆ウイグル（Xinjiang Uyghur）自治区などで抗議行動が激化している。

安い労働力を背景に世界的な製造拠点となり「世界の工場（workshop of the world）」と呼ばれてきた。
21 世紀に入り、日本を抜いて世界第 2 位の経済大国となるなど飛躍的に経済成長した。しかし、人件費（labor costs）が上がるにつれ、より低賃金の国で工場を設立する外資企業の動きもあり、景気減速（economic slowdown）が懸念されている。

人口増加抑制のための一人っ子政策（one-child policy）では、2 人目以降を産むと重い罰金（金額は地域によって違うが年収の数倍とも）が課せられる。払えないと戸籍がなく教育も受けられない。地方では第一子が女であれば 2 人目が黙認されるなどの抜け穴（loophole）もある。

Beijing 北京
President of the People's Republic of China 国家主席
Chinese Communist Party 中国共産党
National People's Congress（NPC） 全国人民代表大会
Chinese People's Liberation Army 中国人民解放軍
Tibet チベット
Xinjiang Uyghur 新疆ウイグル
workshop of the world 世界の工場
one-child policy 一人っ子政策

4. ロシア

ロシア	Russia
ロシア連邦	Russian Federation
(首都)モスクワ	Moscow

☐ **Russian Federation** ロシア連邦

　1991年、ソビエト連邦の崩壊（collapse of the Soviet Union）によりロシア連邦が成立。行政の中心は国家元首（head of state）である大統領。

　ロシアの連邦議会（Russia's parliament）は二院制で、上院に相当する連邦会議（Federation Council）と、下院に相当する国家会議（Duma）から成る。

　首都モスクワにある大統領府や大統領官邸が置かれているクレムリン宮殿と、その正面にある赤の広場は、ユネスコの世界遺産（UNESCO World Heritage Site）に指定されている。

　豊富なエネルギー資源（原油や天然ガス等）の輸出などで、特に欧州や中央アジアで影響力を広げている。

Moscow　モスクワ

collapse of the Soviet Union　ソビエト連邦の崩壊

head of state　国家元首

Russia's parliament　ロシアの連邦議会

Federation Council　連邦会議

Duma　国家会議

5. ヨーロッパ

☐ **European Union** EU 欧州連合

ヨーロッパの地域統合機構。統合により巨大市場となった。域内の多くの国で、人や物が自由に移動でき、通貨ユーロが、導入されている。

最高意思決定機関は、欧州理事会（European Council）で、議長、加盟国政府の長、欧州委員会の委員長から成る。政策執行機関は欧州委員会（European Commission）。

通貨統合が進められており、単一通貨ユーロを導入している国々から成る経済圏をユーロ圏（Euro zone）と呼ぶ。欧州中央銀行（European Central Bank）が通貨政策を担う。

☐ **United Kingdom = UK** 英国、イギリス
（他に **Britain** もよく使われる）

首都はロンドン（London）。

イングランド（England）、スコットランド（Scotland）、ウェールズ（Wales）、北アイルランド（Northern Ireland）の4つから成る。英国の国旗はユニオンジャック（Union Jack）とも呼ばれている。

行政の長は首相で、議会は、上院（貴族院 House of Lords）と下院（庶民院 House of Commons）の二院制。ロンドンにあるウェストミンスター宮殿（Palace of Westminster）が英国会議事堂（Houses of Parliament）として使われている。議会を通過した法案は、国家元首である国王の裁可（Royal Assent）を受けて発行する。

英の主要政党は、労働党（Labour Party）、保守党（Conservative Party）、自由民主党（Liberal Democrats）。

EU 加盟国だが、通貨はユーロでなく UK ポンド（pound：£）。

☐ **Germany** ドイツ

首都はベルリン（Berlin）。

政府の長となるのは連邦首相で、英語では chancellor を使う。EU の中核国。

Chancellor Angela Merkel アンゲラ・メルケル首相

議会は、連邦議会（Bundestag）と連邦参議院（Bundesrat）の二院制だが、地位や権限で連邦議会が優位におかれており、国会議事堂には連邦議会の議場しかない。国民の選挙で選ばれるのも連邦議会の議員のみ。

ドイツは、世界で初めて公的年金、保険制度を導入した国として知られている。

6. 中東

　中東（Middle East）とは西ヨーロッパを中心とした地域概念で、その範囲は曖昧。
　一般に、アラブ首長国連邦（UAE）、イスラエル、イラク、イラン、エジプト、クウェート、サウジアラビア、シリアなどが含まれる。
　産油国が多いながらも、パレスチナ問題をはじめイランの核兵器開発や独裁政権に対する反乱など中東情勢は不安定。

☐ Strait of Hormuz　ホルムズ海峡

　イラン南部のペルシャ湾とオマーン湾の間にある海峡。沿岸諸国で産出される原油（crude oil）を運ぶため、多くの石油タンカー（oil tanker）が通過する原油輸送の大動脈。中東の政情により封鎖（closure）されると、世界の原油供給に大きな影響を与えることになる。

- crude oil　原油
- oil tanker　石油タンカー

☐ Arab Spring　アラブの春

　民衆蜂起（popular uprising）。2010年末から11年にかけて中東・北アフリカで起こった民主化を求める反政府運動。独裁政権が続いていたチュニジアやエジプト、リビアでは政権が交代し、他の地域へも拡大した。主に若者が中心の運動で、ツイッターやフェイスブックなどSNS（ソーシャルネットワーキングサービス）が情報共有に大きな役割を果たした。

- popular uprising　民衆蜂起

金融政策編

The Economist

EARLIER this year, the Federal Reserve reached a crossroads. It had lowered short-term interest rates to zero and promised to keep them there until 2013, and then 2014. It had undertaken multiple rounds of bond purchases to lower long-term interest rates. Yet the recovery was actually losing steam; unemployment had stopped falling. Was there anything left to try?

Sep 13th 2012、21:11 by G.I. | WASHINGTON

今年既に連邦準備制度は岐路に立った。短期金利をゼロに下げて2013年まで据え置くと約束し、その後2014年までとした。連邦準備制度は長期金利を下げるために、これまでに何度も国債を購入してきた。しかし、実のところ経済回復の勢いは衰え、失業率の低下は止まってしまった。やり残したことは何かあったのか。

[単語解説]

☐ **crossroad** 交差道路、岐路
　＊「岐路」の意味ではa crossroadsと複数形にしてaをつける。

☐ **undertake** 〜を引き受ける

☐ **lose steam** 勢いが衰える

> 米国の金融緩和策について伝える記事。連邦準備制度理事会Federal Reserve（Board）は米国の中央銀行で、bondは「国債」。経済を活性化させるために、中央銀行が資金を市場に供給する手段の1つが、市場の国債を買うことです。

☐ **central bank** 中央銀行
　国の金融機構の中核。銀行券（通貨）を発行。"銀行の銀行"、"政府の銀行"としての業務を通して金融政策を行う。

●中央銀行の例

米国：Federal Reserve Board（FRB）　連邦準備制度理事会
　　＊中央銀行制度の最高意思決定機関。実際の業務は12の主要都市にある連邦準備銀行（Federal Reserve Bank）が行う。

ＥＵ：European Central Bank（ECB）　欧州中央銀行

英国：Bank of England（BOE）　イングランド銀行

日本：Bank of Japan（BOJ）　日本銀行、日銀

□ **money supply**　通貨供給量、マネーサプライ
　　＊世の中に出回るお金の量。

□ **monetary policy**　金融政策
　　＊中央銀行が行う。通常、金利を変えて市場の通貨供給量を調節する。ゼロ金利になるとこれ以上下げられないので、量的緩和策や信用緩和策を取る場合もある。

□ **ease monetary policy**　金融緩和策をとる、通貨政策を緩和する
　　＊不況時は、（金利を下げる・国債を買うなどして）市場の通貨供給量を増やして経済を刺激する。

□ **tighten monetary policy**　金融引き締め策をとる
　　＊景気過熱だと、（金利を上げる・国債を売るなどして）市場の通貨供給量を減らして経済を抑制する。

□ **interest rate**　金利

□ **lower [reduce、slash] interest rates**　金利を下げる

□ **raise interest rates**　金利を上げる

□ **short-term interest rate**　短期金利
　　＊1年未満の資金貸出の金利。

□ **long-term interest rate**　長期金利
　　＊1年以上。10年物国債の利回りが長期金利の基準になる。

☐ quantitative easing 量的緩和（= QE）
＊中央銀行が民間銀行から国債を買うなど、市場の通貨供給量を増やす金融緩和策。

a policy of quantitative monetary easing 金融の量的緩和策

☐ credit easing 信用緩和
＊中央銀行がリスクのある資産を購入したり、企業に直接融資する政策。

☐ foreign-exchange reserves 外貨準備高
foreign currency reserves、foreign reserves などの言い方もある。
金融当局（中央銀行または政府等）が保有する外貨の量。対外債務や輸入代金の支払い、自国通貨の急変を防ぐための外国為替市場（foreign exchange market）への介入（intervention）等に使われる。

> **例文** The 15 months since Mr Mubarak's fall have seen foreign-exchange reserves haemorrhage by two-thirds.
> ムバラク失脚以降の15か月で、外貨準備高の3分の2を失った。
>
> ＊haemorrhage （大）出血する、金銭的損失を被る

☐ sovereign bond ソブリン債
＊政府や政府関係機関が発行する国債など債券の総称。sovereign は「統治国、（国が）自治を有する」という意味。

☐ government bond 国債、政府債
＊国債は（投資家などからの）国の借金とも言われる。

☐ sovereign debt crisis 公的債務危機

☐ default 債務不履行（となる）、支払いを怠ること

> **例文** Investors fear that Spain must soon ask for a bail-out—or default.
> 投資家たちは、まもなくスペインが経済援助を求める——さもなくば債務不履行となることを恐れる。

☐ austerity measure 緊縮政策
＊財政支出を減らすこと。

□ **bail-out** （経済的な）緊急援助、救済措置
bail-out funds 緊急援助資金

□ **intervention** 介入

□ **currency** 通貨

□ **foreign exchange** 外国為替、外為

□ **exchange rate** （外国）為替相場［レート］

□ **currency devaluation** 通貨の切り下げ
devalue （通貨の）平価を切り下げる

□ **currency revaluation** 通貨の切り上げ
revalue （通貨の）平価を切り上げる

□ **appreciation of the yen（against the dollar）** （ドルに対する）円高

□ **depreciation of the yen** 円安

□ **financial crisis** 金融危機、財政危機

□ **liquidity** （資金の）流動性、換金性、流通性
＊"市場での取引のしやすさ"を意味する。
extend liquidity （資金などの）流動性を拡張する

□ **capital flight** 資本の逃避
＊国内情勢により通貨下落が予想される時に、資金が国外のより安全な地域へと移動すること。

経済編

1. 経済一般

> **The Economist**　IT IS very misleading to look at nominal per capita GDP due to the enormous swings in the Japanese yen. In 2007, Japan's nominal output per capita was 74% of America's. Then the dollar fell 38% against the yen, and now nominal Japanese output per capita is 96% of America's. Even if nominal GDP per capita is the focus, Japan still suffered a lost decade and then some; only in 2010 did its economy regain a level of income last attained in 1995.
>
> Aug 3rd 2012、16:32 by R.A. | WASHINGTON

日本円は大きく変動したので、1人当たりの名目GDPで見ると、大変な誤解を生む。2007年に日本の1人当たり名目GDPは米国の74%だった。その後、ドルは日本円に対して38%落ち、現在日本の1人当たり名目GDPは米国の96%だ。名目GDPが焦点だとしても、日本はなお失われた十数年に苦しみ、2010年にやっと日本経済は1995年に達成した国民所得水準を取り戻したのだ。

[単語解説]

- **misleading** 人を誤らせる、誤解させる、まぎらわしい
- **per capita** 一人当たり
- **enormous** 巨大な、莫大な
- **swing** 変動
- **output** （一定期間の）生産高
  ＊記事ではGDPを示す。
- **attain** 達成する
- **level of income** 所得水準

長く続く日本の経済状況についての記述で、nominal per capita GDPは物価変動を考慮しない1人当たり名目GDPです。バブル崩壊後の失われた10年についても言及しています。経済関係の用語について整理しておきましょう。

☐ **Gross Domestic Product** 国内総生産（＝GDP）

1年間に国内で生産された物・サービスの総額

nominal GDP 名目GDP　＊物価の変動を考慮しないそのままの数値。

real GDP 実質GDP　＊名目GDPを物価変動で調整した数値。

日本は2010年の名目GDPで中国を下回り、43年ぶりに世界2位から順位を落とし、世界3位の経済大国となった。世界1位は米国、2位は中国。（なお、一人当たりのGDP（per capita GDP）では、中国はまだ日本の10分の1）

☐ **economic growth** 経済成長率

GDPの伸び率。最も重要な景気の指標。実質GDPを基にしたものが実質経済成長率。

☐ **Consumer Price Index** 消費者物価指数（＝CPI）

消費者が購入する商品の価格の変動を示す数値。物価の動きを測る物差であり、またインフレ、デフレの主な指標である。

☐ **national income** 国民所得

国民全体が得る所得の総額。経済活動の規模を示す指標。

per capita national income 1人当たり国民所得

☐ **census** 国勢調査

ある時点での人口及び世帯に関して、全数を調べる。

☐ **demographic statistics** 人口統計

demography 人口統計学

☐ **consumer spending** 消費者支出、個人消費

同 **personal consumption expenditure** 個人消費支出

食料・住居・被服・教育・交通通信・医療にかかる費用など、国民が生活するのに必要な支出。消費を目的としない直接税・社会保険料などの費用は入らない。

☐ **commodity prices** 物価、商品価格

softening of commodity prices 物価の下落

＊**soften** 商業分野では「（市場が）弱気になる、（価格が）下がる」の意味。

＊**commodity** 産物、商品

☐ market (-oriented) economy　市場経済、市場指向型経済

自由な経済活動のもと、モノの需要・供給とその価格が市場によって調整される経済制度。

☐ inflation　インフレ（ーション）

物の値段が上昇し続けること。（より多くのお金を出さないと物が買えないので）通貨の価値は低くなる。

☐ stagflation　スタグフレーション

インフレは一般に好況下で起こるが、不況下なのに物価上昇が続くときは、スタグフレーション（stagflation = stagnation（停滞）+ inflation）と言う。

☐ deflation　デフレ（ーション）

物の値段が下がり続けること。（より少ないお金で物が買えるので）通貨の価値は上がる。

☐ hyperinflation　ハイパーインフレ

急激にインフレが進むこと。通貨に対する信頼を失う。

☐ business cycle　景気循環

資本主義経済において好況と不況は交互に起こるが、その周期的変動（cyclical fluctuations）のこと。景気の「山」は peak、「谷」は trough。

☐ economic fundamentals　ファンダメンタルズ、経済指標、経済の基礎的条件

経済活動の状況を示す基礎的な要因。経済成長率（economic growth rate）、失業率（unemployment rate）、物価上昇率（inflation rate）、経常収支（current-account balance）、貿易赤字（trade deficit）や貿易黒字（trade surplus）の率など。

> 例文 France's economic fundamentals are worse than those of Italy and Spain.
> フランスのファンダメンタルズは、イタリアやスペインよりも悪い。

☐ economies of scale　規模の経済、スケールメリット

生産量（quantity of output）が増えると、製品一個あたり平均生産コストが下がるという利点。

例文 The economies of scale allow a T-shirt made in China to be sent to the Netherlands for just 2.5 cents.
スケールメリットにより、中国製Tシャツ1枚をたった2.5セントでオランダに運ぶことができる。

反対は、diseconomies of scale「規模の不経済、スケールデメリット」で、生産数が少ないとコストが上がるという不利な点。

例文 Small loans suffer from diseconomies of scale.
少額の貸し付けにはスケールデメリットがある。

☐ trickle-down theory [effect]　トリクルダウン理論[効果]

金持ちの富が増えると、それをビジネスや投資に使うので経済が活性化し、ひいては一般人の生活が潤うという考え。富が上から少しずつ流れ落ち (trickle down)、徐々に浸透することから。

☐ macroeconomics　マクロ経済学

国家や市場といった巨視的 (macro) な視点から経済のメカニズムを研究する学問。対する microeconomics（ミクロ経済学）は、個人や個別企業などミクロ (micro) な視点から分析する。

☐ microfinance　マイクロファイナンス

貧困者向けの小口金融サービス。例として、商業銀行で融資を受けられない貧しい人々に、無担保で少額資金を貸し出すマイクロ・クレジット (microcredit)。これにより、バングラデシュのグラミン銀行創始者ムハマド・ユヌス氏が2006年ノーベル平和賞を受賞した。

☐ lost decade　失われた10年

ある国や地域で経済が停滞した10年ほどの期間。日本ではバブル崩壊後1990年代の約10年がこう呼ばれた。その後も続いていると見て、decades と複数形にすることもある。

例文 Japan's debt bubble had caused a "lost decade", from 1991 to 2001.
日本の債務バブルは、1991年から2001年の"失われた10年"を引き起こした。

2. 会社

> **The Economist**
>
> THE interrogation by regional politicians had been relentless. On June 25th it took its toll: Dirk Notheis, head of the German and Austrian operations of Morgan Stanley, announced that he will take "time out" from his job, pending further inquiry into how he and his bank handled the sale of 45% of EnBW, a big German power utility, to the state of Baden-Württemberg in December 2010.
>
> Jun 26th 2012, 20:58 by D.S. | STUTTGART

地域の政治家による審問は厳しかった。6月25日、それは打撃をもたらした。モルガン・スタンレーのドイツとオーストリア事業部門のトップであるDirk Notheisが、業務から"小休止"を取ると発表したのだ。2010年12月にドイツの大手電力会社EnBWの45％をバーデンウュルテンベルク州に売却した取引を、彼とその銀行が処理した方法に対する更なる審問は延期されることとなった。

[単語解説]

- □ **interrogation** 尋問、取り調べ、審問
- □ **relentless** 情け容赦のない
- □ **take its toll** 被害[打撃]をもたらす
- □ **time out** 小休止、中断、（スポーツの）タイム
- □ **pend** 〜を未決定にしておく
- □ **inquiry** 質問、質疑

世界的金融機関モルガン・スタンレーが取り扱ったドイツ大手電力会社の45％の株式売買についての記事です。power utilityは電力会社です。このように、「会社」の言い方はcompany、corporation、enterprise以外にもいろいろあります。

【いろいろな会社】

- □ **firm** 会社
- □ **business** 会社

- **outfit** （特定の産業・活動の）会社、組織、組織
  a research outfit 調査会社／a publishing outfit 出版社

- **subsidiary** 子会社

- **affiliate** 関連会社、系列会社

- **start-up** 設立したばかりの会社

- **listed company** 上場企業

- **holding company** 持ち株会社

- **conglomerate** 複合企業

- **multinational** 多国籍企業
  emerging-market multinationals 新興市場の多国籍企業

- **travel agency** 旅行会社

- **real estate agency** 不動産業者

- **airline** 航空会社

- **carrier** 運送業者、航空会社、通信事業会社

- **dot-com** ドットコム企業、インターネット関連企業
  ＊ネット上で営業活動する会社

- **publishing house** 出版社

- **securities firm** 証券会社（company/corporation/house）

- **investment bank** 投資銀行
  株や債権の売買をする金融機関で、預金業務はしない。銀行というより証券会社に近い。企業・政府などの資産運用や資金調達から企業の買収・合併の仲介に関わることも。（commercial bank 商業銀行、民間金融機関とは区別される）

- **private-equity firm** 非公開投資会社

　採算ベースを下回る (underperforming) 会社を買収し、経営陣の入れ替え (replace management) や業務の見直し (revamp operations) などで収益性を高めた (improve profitability) 上で、その会社を売って利益を得る会社。private equity は「未公開株式」。ビジネスで成功した共和党のロムニー氏が設立したベインキャピタル社など。

- **private company** （株式を上場していない）非公開企業、民間企業

- **public company** 公開会社

　証券市場に株式が公開されている会社。
　下の utility company のような公共企業ではないことに注意。

　> Facebook's share price continued to slide, as investors digested its first earnings report as a public company.
　> 投資家が公開会社としてフェイスブック社の初収益報告書を吟味したが、同社の株価は下落し続けた。

- **public utility（company）** （電気・水道・ガスなどの）公共企業、公益（事業）会社

　＊public utility は、電気・水道・ガスなどのサービスや、サービスを提供する会社を示す。

　power utility　電力会社
　　＊utility bill （電気・水道・ガスなどの）公共料金（の請求書）

【巨大な会社・大物】

比ゆ的に「巨大なモノ」で大企業・大物を示すことがあり、言い換えでよく使われます。

- **giant** 巨人、巨大企業

　tech giant　テクノロジーの最大手企業（Microsoft 社など）

- **Goliath** 巨人、大物、巨大企業

　＊ゴリアテはダビデに殺されたペリシテ人の巨人
　corporate Goliath　巨大企業

- □ **juggernaut** 巨大な力を持つもの、巨大な存在

    ＊サンスクリット語で"世界の支配者"。

    例文 She has never had to turn round an ailing corporate juggernaut with 700m users

    彼女は7億の利用者がいる経営難の大企業を立て直さねばならなかったことは、かつてない。

    ＊turn round 好転させる　ailing 病んでいる、経営難の

- □ **behemoth** 巨大なもの、巨大企業

    ＊ビヒモスは旧約聖書に出てくる巨獣。

    Alibaba, a Chinese e-commerce behemoth 電子商取引の巨大中国企業アリババ

- □ **titan** 巨人、巨匠、大立物

    ＊タイタン。ギリシャ神話に出てくる巨人の神々の1人。

    corporate titan 大物経営者

- □ **tycoon** （実業界の）巨頭、大物

    ＊日本語の「大君」から。

    media tycoon Rupert Murdoch メディア王のルパート・マードック

- □ **big name** 有名人、大物、有名なもの

    ＊形 big-name 有名な

- □ **big boy** 大物、大企業

    例文 I bid against Petrobras, Exxon, Shell, all the big boys.

    私は、ペトロブラス、エクソン、シェルという（石油の）大企業全部と競り合った。

    ＊bid against ~ ~と競争入札する

【格付け会社・世論調査機関】

ニュース記事に頻出の格付け会社と世論調査機関です。

☐ rating company　格付け会社

同 rating firm

credit rating　信用格付け

金融商品、企業、政府などの信用状態を調査して信用格付け（最上級は"トリプルA（AAA: S&P/Aaa: Moody's）"など）を行う。

☐ Standard & Poor's　スタンダード・アンド・プアーズ（= S&P）

本社アメリカ・ニューヨーク

例文 Standard & Poor's cut America's credit rating from AAA in August 2011.

スタンダード・アンド・プアーズ社は2011年8月、米国の信用格付けをAAAから引き下げた。

☐ Moody's Corporation　ムーディーズ

本社アメリカ・ニューヨーク、S&Pと並ぶ2大格付け会社。
米格付け会社ムーディーズ・インベスターズ・サービス

☐ Fitch Ratings　フィッチ・レーティングス

イギリス・ロンドン、アメリカ・ニューヨークに本拠地をおく。

☐ public opinion polls　世論調査

☐ Pew Research Center　ピュー・リサーチセンター

米国の非営利の世論調査機関。

☐ Gallup Poll　ギャラップ調査

世界30か国以上にオフィスを持つ米国の民間企業ギャラップ社が行う世論調査。

3. 組織・機関・会議

The Economist

SOME argue that in an international emergency, when the Security Council is blocked by the veto, or threat of veto, of one of its permanent members (as now, by Russia and China), the General Assembly can bypass the Security Council and authorise the use of force itself. This first happened in 1950 at the height of the Korean war, when Russia was blocking international intervention. But this ruse, if ever legitimate, has now fallen into disrepute.

Sep 15th 2012 | IDLEB PROVINCE AND LONDON | from the print edition

国際的非常事態において、常任理事国から（今回はロシアと中国）の拒否権や拒否権行使の脅威に安全保障理事会が阻まれたとき、国連の総会は安保理を無視して武力行使そのものを認可できるべきだと主張する人もいる。これが最初に行われたのは1950年の朝鮮戦争が最も激しい時期で、当時はロシアが国際介入を阻んでいた。しかしこの方策は正当であったとしても、現在は不評となっている。

[単語解説]
- □ bypass 〜を迂回する、飛び越す
- □ authorise を認定［認可］する
- □ force 軍事力、武力
- □ at the height of 〜の絶頂に
- □ ruse 計略、策略、方策
- □ legitimate 適法の、正当な
- □ fall into disrepute 評判を落とす、不評になる

シリアの内戦に関する記事です。安保理のシリア制裁決議案は拒否権により何度も否決されてきました。Security Council（安全保障理事会）、General Assembly（総会）、veto（拒否権）、permanent member（常任理事国）と、国連関連の用語が複数出ています。

【国連】

□ United Nations 国際連合（= UN）

　本部は米国のニューヨーク、マンハッタン。国際連合憲章（Charter of the United Nations）の下、第二次世界大戦後の 1945 年に設立。

　①国際平和・安全の維持、②諸国間の友好関係の発展、③経済的・社会的・文化的、また人道的な国際問題の解決に向け国際協力を促進することを目的とした国際機関。

　総会、安全保障理事会、国際司法裁判所、事務局などの主要機関と、多くの付属機関・補助機関が置かれている。さらに、多くの専門機関（世界保健機関（WHO）など）・関連機関が国連と連携して活動している。

□ General Assembly 総会

　全加盟国から成る。重要問題は 3 分の 2、一般問題は過半数（majority）で決まる。決議（resolution）は法的拘束力を持たず、勧告である。

□ Security Council 安全保障理事会（安保理）

　常任理事国（permanent member）（米国、ロシア、フランス、イギリス、中国）5 か国と、非常任理事国（non-permanent member）（2 年ごとに総会が選出）10 か国の計 15 か国から成る。

　常任理事国は拒否権（veto power）を持つ。すなわち、常任理事国が 1 か国でも反対すれば決議は否決される。

　安保理は、紛争があると、調査・仲介・使節団派遣などで平和的解決を勧告する。紛争が激しくなると停戦命令の発布、国際連合平和維持活動（Peacekeeping Operations）に基づく平和維持軍（peacekeeping force）の派遣、経済制裁（economic sanction）や禁輸（embargo）などの措置も行う。

□ International Court of Justice 国際司法裁判所

　国家間の問題に法律的な判断を下す。提訴できるのは個人でなく国家のみ。所在地はオランダのハーグ。

　（なお、国連の機関ではないが、国家でなく個人の重大な国際犯罪を裁くのは、国際刑事裁判所 ICC=International Criminal Court）

□ Secretariat 事務局

　事務総長（Secretary-General）が統括。日常業務および政策を実施する。

●国連の専門機関には以下のようなものがある。

☐ World Bank　世界銀行

各国の中央政府などに融資する。戦災からの復興や途上国の開発のためなど。国際通貨基金と共に、金融秩序制度の中心的役割を担う。

☐ International Monetary Fund　国際通貨基金（= IMF）

通貨と為替相場の安定を目的に、財政悪化した国への融資や為替政策の監視などを行う。

☐ World Health Organization　世界保健機関（= WHO）

全ての人々が可能な最高の健康水準に到達することを目的とする。

●国連の関連機関には以下のようなものがある。

☐ World Trade Organization　世界貿易機関（= WTO）

貿易障壁の軽減や撤廃を図り、自由貿易を推進。サービスや知的所有権も含めた貿易を統括する。

☐ International Atomic Energy Agency　国際原子力機関（= IAEA）

原子力の平和的利用を促進し、軍事的利用への転用防止を目的とする国際機関。

【いろいろな組織・機関・会議】

☐ G8 Summit　主要国首脳会議、主要8か国首脳会議、サミット

首脳会議は国のトップが集まることから、サミット（summit：山頂）と呼ばれる。

G8 = Group of eight

＊日本、フランス、アメリカ、イギリス、ロシア、ドイツ、イタリア、カナダの8か国とEUから首脳が年1回集まり、経済・政治的問題について話し合う国際会議。

☐ G20 Summit　主要20カ国・地域首脳会議

金融・世界経済に関する首脳会合。G20は、G8 summitに参加する8か国 + EU + 新興国11か国の計20か国・地域。経済成長が著しい中国やインドも参加している。

- **OECD** 経済協力開発機構 = Organisation for Economic Co-operation and Development

  ヨーロッパ諸国や日・米を含め多くの先進国が加盟する国際機関。

- **OPEC** 石油輸出国機構 = Organization of Petroleum Exporting Countries

  産油国の組織。原油生産量や価格など石油政策の調整を目的とする。加盟国はイラン、イラク、サウジアラビア、クウェートなど。

- **APEC** (エイペック) アジア太平洋経済協力 = Asia-Pacific Economic Cooperation。

  環太平洋地域における多国間経済協力を進めるための枠組み。

- **ASEAN** (アセアン) 東南アジア諸国連合 = Association of South East Asian Nations

  政治・経済の安定を目的とした地域協力機構。タイ、インドネシア、マレーシア、シンガポール、フィリピンなど東南アジア10か国が自由貿易市場を作っている。

- **NATO** 北大西洋条約機構 = North Atlantic Treaty Organization

  米国を中心とした西欧諸国の軍事同盟。

【協定・議定書の発効】

　条約は国家間または公的な国際機関などの交渉によって合意された文書で締結される。条約(treaty、convention)、協定(agreement)、議定書(protocol)などの名称があるが、法的拘束力(legal binding power)に違いはない。

●条約が発効するまでのプロセスは、各条約に決められている。
　次に一般的な例を挙げる。

| 署名する (**sign**) 内容の公式な確認 | → | 批准する (**ratify**) 自国で国会／議会の承認を得て"拘束されることに同意(これで締結!)" | → | 発効する (**take effect/ come into effect**) |

□ **signatory** 締約国

□ **member country** 加盟国

□ **FTA** 自由貿易協定（= Free Trade Agreement）

　特定の国や地域の間で関税を撤廃したり規制を緩和するなど、通商上の障壁を取り除く取り決め。世界中の国々で数多くの協定が結ばれている。

□ **EPA** 経済連携協定（= Economic Partnership Agreement）

　FTAと違うのは、物だけでなく人の移動、知的財産の保護、投資などに及ぶこと。幅広い分野での経済関係強化のための協定。

□ **NAFTA** 北米自由貿易協定
　（= North American Free Trade Agreement）

　米国、カナダ、メキシコ3国間の自由貿易協定。

□ **NPT** 核不拡散条約（= Nuclear Non-proliferation Treaty）

　核拡散防止条約とも呼ばれる。核軍縮を目的に、米ロ英仏中の5か国以外の核兵器の保有を禁止する条約。

Part 2
実際の記事を
読んでみよう

ザ・エコノミストに掲載された記事を、
幅広い分野のトピックから厳選しました。
日本語訳、単語やフレーズなどを参考に、
実際に読んでみましょう。
まずタイトルから内容を予想してください。
それから記事を読むと理解を深める助けになります。
いざ、鋭い見識で定評のあるザ・エコノミストの記事に、
Jump in!

Apple's record-breaking valuation
From pipsqueak to powerhouse

Aug 21st 2012, 5:24 by M.G. | SAN FRANCISCO

EARLIER this year, there was plenty of speculation, including in The Economist, that Apple's stock had entered bubble territory. The firm's share price, which then stood at almost $606, subsequently fell. But it has since bounced back, hitting $665 at the close of trading on August 20th. That gave Apple a whopping market capitalisation of over $623 billion and the honour of becoming the most valuable listed company of all time—a record previously held by another tech behemoth, Microsoft. Its market capitalisation reached $615 billion in December 1999, according to Howard Silverblatt, an analyst at S&P Dow Jones Indices.

Other analysts, such as Horace Dediu of Asymco, a research outfit, have noted that, when adjusted to take account of inflation since 1999, Microsoft's record market capitalisation would be around $850 billion in today's dollars. So Apple's share price would need to be far higher—around $910—to beat that figure. Still, the fact that Apple's market capitalisation is now considerably larger than that of Google and Microsoft added together is a testament to just how far the business has come since it was rescued by Steve Jobs after a near-death experience in the late 1990s.

Under Tim Cook, who took over as full-time chief executive almost a year ago, Apple has continued to wow both customers and investors

アップルの記録破りの評価額
チビ公から最強の企業へ

- valuation 評価(額)、査定
- pipsqueak ちび公、ガキ、ざこ
- powerhouse 発電所、最強な組織

　今年初め、ザ・エコノミストでもそうだったが、アップルの株価はバブル領域に入ったという多くの推測があった。当時約606ドルだった同社の株価は下がったが、その後反発し、8月20日の終値は665ドルに達した。これによりアップルの時価総額はなんと6230億ドルを超え、史上最も高価な上場企業となった。以前は別の巨大テクノロジー会社マイクロソフトが持っていた記録だ。S&P Dow Jones Indices社のアナリストHoward Silverblattによると、マイクロソフトの時価総額は、1999年12月に6150億ドルに達した。

- speculation 推測、憶測
- stand at （数値が）～である、示す
- subsequently その後に
- bounce back 跳ね返る、すぐに回復する
- whopping でっかい、途方もない
- listed company 上場企業
- market capitalisation 時価総額

　調査会社AsymcoのHorace Dediuなど他のアナリスト達は、1999年以降のインフレ調整をすると、マイクロソフトが記録した時価総額は、現在のドルでは約8500億ドルだと言う。この数値を打ち負かすには、アップルの株価は、もっと高く、約910ドルとなる必要がある。それでもなお、アップルの時価総額は現在、グーグルとマイクロソフトを足した時価総額よりかなり大きいという事実は、90年代後半にスティーブ・ジョブズに瀕死状態を救ってもらって以来、同社が大きく成長した証だ。

- research outfit 調査会社
- take account of ～を考慮する
- beat ～を打ち負かす
- testament 証拠、あかし

　ほぼ1年前に常勤の最高経営責任者を引き継いだトム・クック指揮の下、アップルはiPhoneやタブレット型コン

- wow ～をあっと言わせる、熱狂させる

with its iPhones and iPad tablet computers. Much of the recent run-up in the company's share price has been driven by speculation that it will unveil a raft of new products next month. They are said to include a slightly smaller iPad, an iPhone with a larger screen and a more ambitious set-top box offering for televisions that could boast programming from one or more cable TV operators in America.

There is a risk that some of these gizmos may not materialise, or that they end up disappointing consumers. Apple also faces a growing number of challenges, including a spate of legal tussles over patents with rivals such as Samsung and much stiffer competition in the smartphone market, which has been a big driver of Apple's revenue growth in recent years.

Yet some bulls think that the stellar rise of the firm's share price is far from over. Jefferies, an investment bank, believes Apple's shares could hit $900 each and some investors reckon the price could go even higher, rasing the possibility that Apple could become the world's first public company with a trillion dollar market capitalisation. This smacks of hype rather than hard-headed analysis. Apple still has plenty of room to grow, but even the brightest corporate stars cannot sparkle forever.

ピュータiPadで、顧客と投資家を熱狂させ続けてきた。最近の株価の上昇のほとんどは、来月同社が多くの新商品を発表するという憶測によるものだ。これには、やや小さいiPad、より大きな画面のiPhone、複数の米国ケーブルテレビ運営会社が提供する番組を誇る野心的なTV用セットトップボックスの提供が含まれると言われる。

　これらの機器のいくつかは実現しなかったり、顧客をがっかりさせてしまうというリスクはある。また、サムスンのようなライバルと特許権をめぐる数多くの法廷闘争や、近年アップルの増収の大きな原動力であるスマートフォン市場での競争激化を含め、アップルはますます多くの課題に直面する。

　だが、同社の際立った株価上昇はまだまだ続くと見る強気筋もいる。投資銀行Jefferiesは一株900ドルもあり得ると考え、もっと高くなると見る投資家もおり、アップルは1兆ドルの時価総額を持つ世界最初の公開会社となる可能性が高まっている。これは手堅い分析というより、誇張の気味はある。アップルにはまだなお大きな成長の余地があるが、企業の世界でも最も明るい星が永遠に輝き続けることはできない。

- run-up （物価・株価などの）上昇
- unveil 〜を明らかにする
- a raft of 多くの
- set-top box セットトップボックス
  *テレビに接続して双方向通信サービスができる家庭用通信端末。

- gizmo 新案小道具[装置]、仕掛け
- materialise 〜を有形化する、実現する
- a spate of 多くの
- tussle 取っ組み合い、格闘
- patent 特許（権）
- stiff 堅い、厳しい

- bull 強気筋(強気相場の予想をする側の人々 ⟷ bear)
- stellar 星の（ような）、きわだった
- far from over 当分終わらない、まだまだ続く
- public company 公開会社
  *不特定多数の人が株を所有する会社
- smack （〜の）気味がある（of）
- hype 誇大宣伝
- hard-headed 実際的な、手堅い
- sparkle 火花を発する、きらめく

Japan's new conservatives
Talking bout a restoration

Sep 5th 2012, 7:46 by D.M. | TOKYO

AT FIRST glance it resembled a religious rally—a mass gathering of dark-suited disciples dedicated to pulling a troubled nation out of the fire. Reporters noted a hint of evangelical about the crowd of over 2,000, who talked about "saving" Japan. The main speaker was blunt. "What the country needs now is a dictatorship," said Toru Hashimoto.

The mission of *Ishin Seiji Juku*, (Restoration Political Institute) is clear enough. A training school for aspiring politicians, the institute wants to field 300 of its own graduates in Japan's next lower-house elections. If, as planned at the institute's opening in March, the political newbies are able to take as many as 200 seats, they would start something akin to a revolution: scrapping the upper house, devolving power from Tokyo and rearming the country.

That would do for starters. The institute's founder, Mr Hashimoto, is a radical conservative with a provocative agenda. One of his most talked-about policies as mayor of Osaka has been to force teachers in the city to stand and sing the national anthem—with gusto—or be fired. He wants his followers to dismantle much of Japan's American-sponsored political architecture, particularly its war-renouncing constitution. "Not being able to have a war on its own is the most pitiful thing about Japan," he has said.

日本の新しい保守派
回復へのひと勝負

一見それは宗教集会のようだった。困難を抱えた国の立て直しに打ち込む黒っぽい背広を着た大勢の信奉者の集まり。日本救済について話す2000人を超える集団を、記者たちは、やや狂信的だと指摘した。スピーチの主は遠慮がなかった。「今この国に必要なのは独裁だ」と、橋下徹は言った。

維新政治塾の使命は明確だ。意欲的な政治家の養成所であるこの塾は、卒業生のうち300人を次の衆議院選挙に立候補させたいのだ。3月開校時の計画どおり、これら政治初心者が200議席を取ることができれば、参院院の廃止、中央政府からの権力委譲、国の再武装化という革命に似たことを始めるだろう。

それは手始めだ。塾の設立者である橋下氏は、急進的保守派で挑発的な政策を持つ。最も話題になった大阪市長としての政策のひとつは、市の教員に起立して国歌斉唱させることで、従わないと解雇であった。橋下氏は、米国起案で作られた日本の政治構造のほとんどを、特に戦争放棄の憲法を、自分の支援者たちに破壊してもらいたい。「単独で戦争ができないのが日本の一番情けないところだ」と、彼は言った。

- bout = about
  *bout「（ボクシングなどの）1勝負、ひと仕事」と意味を掛けている。

- rally 集会
- disciple 弟子、信奉者
- pull ~ out of the fire ~を困難から救い出す
- evangelical 福音主義者、（主義に対して）熱烈な
- blunt 無遠慮な、率直な
- dictatorship 独裁制、独裁政権

- aspiring 野心に燃える、意欲的な
- field （政党が）候補者を出す、立候補させる
- newbie 初心者、新入り
- akin to ～と同種の、類似の
- devolve （権利・義務・職を）譲り渡す
- Tokyo 日本政府 ＊首都名で政府・国を表している。
- rearm 再軍備[再武装]させる

- for starters 手始めに、まず第一に
- provocative 挑発的な
- agenda 協議事項、課題、指針
- national anthem 国歌
- with gusto 熱心に
- dismantle 分解する、取り壊す、徐々に廃止する
- war-renouncing 戦争放棄の
- on one's own 自力で、独力で

Few accuse Mr Hashimoto of lacking ambition. The son of a small-time gangster, he climbed his way to the top of the country's education system to become a lawyer and from there a TV star and eventually the mayor of the country's most important city but for Tokyo. But the jury is out on whether his movement's followers can break out of their one-city ghetto and make their mark on the national political scene. Shorn of Mr Hashimoto's personal brand of hair-raising rhetoric, lectures at the institute deal mainly in mundane issues such as tax reform and international relations.

The names of the institute's 888 students were leaked to a magazine last month, revealing a strikingly conservative political base. About 90% are male, mostly in their 30s and 40s. A sprinkling of B-list celebrities aside, the student body is top-heavy with doctors, dentists, media professionals and local politicians: in other words, middle-class discontents from Japan's two decades of post-bubble ennui.

Critics have noted the obvious parallels with 1930s Germany. Some have dubbed the philosophy taught at the institute "hashism"—bolting together the name of its founder with the word "fascism". Sadakazu Tanigaki, leader of the Liberal Democratic Party (LDP), says a similar philosophy helped fuel the rise of militarism in Japan in the 1930s. However that is to miss the most salient point of today's Hashimoto, who is tapping into a rich vein of frustration with Japan's stalled politics and bureaucrat-led national drift—a system the LDP helped oversee for more than half a century.

意欲がないと橋下氏を責める者はほとんどいない。しがないヤクザの息子である橋下氏は、日本の教育システムの最高学府に進み弁護士になった。そこからテレビのスターになり、ついには東京に次いで日本で最も重要な都市の市長となった。だが、彼の支援者たちが、1都市地域から抜け出し、国政で成功するかどうかはわからない。橋下氏の特徴であるゾクゾクする巧みな弁舌なく、塾の講師たちは税改革や国際関係といった平凡な問題を主に扱う。

　先月、塾生888人の名前が雑誌に流失し、ひときわ保守的な政治基盤が露呈した。約9割が男性で主に30から40代だ。ちらほらいるB級のタレントを別にして、生徒は、医者、歯医者、メディア専門家、地方政治家で、つまりバブル後20年の倦怠に不満を持った中産階級の人々であり、バランスを欠く。

　1930年代のドイツと明らかな類似があると批判されてきた。塾で教えられる哲学を、塾の設立者の名前と"ファシズム"を合体して"ハシズム"と呼ぶ人もいる。自民党総裁の谷垣禎一氏は、似たような哲学が1930年代日本で軍国主義の台頭を促したと言う。しかし、それは今日の橋下氏の最も顕著なポイントを見落としている。橋下氏は日本の行き詰った政治と、官僚主導による国の漂流に——自民党が半世紀以上も監督してきた体制なのだが——不満を持った多くの人々の気持ちをうまく活用しているのだ。

- small-time　取るに足りない、三流の
- but for　〜がなかったら、〜を別にすれば
- the jury is out on　〜についてまだ結論は出ていない　＊語彙 p.166 参照
- ghetto　少数民族のスラム街、(社会的) 孤立集団 (地区)
- make one's mark　成功する、名を揚げる
- shorn of　〜を奪われて、失って
- hair-raising　ゾクッとする
- rhetoric　巧みな弁舌
- mundane　世俗的な、平凡な
- a sprinkling of　少しの、ちらほら
- B-list　(有名人などが) 最高よりやや落ちる部類の、Bクラスの
- top-heavy　上 [頭] が重すぎる、上層部が多すぎる
- discontent　不満 (な人)
- ennui　倦怠、もの憂さ

- parallel　類似点
- dub　にあだ名を付ける、〜と呼ぶ
- salient　顕著な、目立った
- tap into　〜を活用 [利用] する
- a vein of frustration　不満の気味 [傾向、気持ち]
- stalled　立ち往生している、行き詰まった
- bureaucrat-led　官僚主導型の
- drift　漂流
- oversee　〜を監督する

After years playing on his home turf, Mr Hashimoto and his graduates are about to test the depth of this frustration on a national scale. Mr Hashimoto's *Osaka Ishin no Kai* (Osaka Restoration Association) wants to be recognised as a national political party in time for the next general election, likely to be held this autumn. To get that status, it needs at least five lawmakers from the national parliament (the Diet) to sign up as party members. Signs are that it will meet that requirement. Otherwise, the Tokyo mainstream has mostly stayed on the sidelines. Mr Hashimoto's nearest counterpart, Shinzo Abe, a former prime minister, has heaped praise on the upstart movement but declined a formal tie-up in August. If Mr Hashimoto's graduates score a notable victory in the polls, they are likely to be welcoming new travellers to their bandwagon.

自分の地盤で数年間活動した後、橋下氏と卒業生はこの不満の深さを全国規模で検証しようとしている。橋下氏率いる大阪維新の会は、おそらくこの秋行われる次期総選挙までに全国政党になりたいと思っている。そのためには、最低5人の国会議員に党員として署名してもらう必要がある。同会はこの要件を満たしそうな兆しだ。それ以外では、東京の主流派はおおかた傍観者にとどまってきた。橋下氏と密接な繋がりがある安倍晋三前首相は、新しく出現した運動を褒めちぎったが、8月に正式な提携を断った。もし塾の卒業生たちが選挙で素晴らしい勝利を挙げれば、彼らは時流に乗ろうと新しくやってくる人々を喜んで迎え入れるだろう。

- on one's home turf （人）の地盤で、ホームグラウンドで
- in time for ～に間に合うように
- the Diet （日本などの）国会
  ＊日本通でない限り、日本の国会がDietだと知る外国人は少ない。そのため括弧で補足されている。
- mainstream 主流
- on the sidelines 傍観して
- heap praise on ～を褒めちぎる
- upstart 成り上がりの、最近現れた
- notable 注目すべき、著しい
- bandwagon 人気政党、時流に乗った運動

Fighting Malaria
Net benefit

The global assault on malaria still needs more cash

Jul 14th 2012 | NAIROBI AND NEW YORK | from the print edition

IT IS a ubiquitous scene in east Africa's coastal villages: hung from trees or big bushes, bed nets shelter families sleeping outside in search of a semblance of night-time cool. Treated with synthetic insecticides, the nets repel mosquitoes and kill those that alight on their surface. Thanks to a surge in money for nets and other interventions, death rates are 26% below their level in 2000, according to the World Health Organisation (WHO), though the global toll in 2010 was still a shocking 655,000. A report promoted among others by Ray Chambers, the UN's special envoy against the disease, says a new push will bring a huge return. But raising the cash will be tricky and getting the promised result harder still.

The latest assault on malaria is unprecedented. Last year an array of organisations, including the Roll Back Malaria Partnership, based at the WHO and founded in 1998, the Global Fund to Fight AIDS, Tuberculosis and Malaria, founded in 2002, and the President's Malaria Initiative, founded under George Bush in 2005, spent a record $2 billion fighting it.

The Roll Back Malaria Partnership has set goals for 2015 that include the heroic aim of cutting malaria deaths to near zero. This would mean more than doubling spending, to $5 billion a year. Mr Chambers is trying to rally the troops. The report he is to present

マラリアとの戦い
正味の利益

全世界のマラリア攻撃にはまだ資金が必要

　東アフリカ沿岸部の村ではお馴染みの光景だ。夜の涼を求め、木々や大きい灌木に吊るした蚊帳に避難して寝る家族。合成殺虫剤で処理されており、このネットは蚊を寄せ付けず、また表面にとまる蚊を殺す。世界保健機関(WHO)によると、2010年には世界中で655,000人もが犠牲になったが、蚊帳に対する資金増加やその他の介入のおかげで、死亡率は2000年のレベルから26%下がった。特にマラリア対策の国連特使Ray Chambers氏が推進する報告書によると、新たなひと押しが大きな成果を生む。しかし、そのための資金を集めるのが難しく、見込まれる成果を得ることができないのだ。

　最も最近のマラリアへの取り組みは、前例のないものだ。去年、WHOに拠点を置く1998年に設立されたRoll Back Malaria Partnershipと2002年設立のGlobal Fund to Fight AIDS, Tuberculosis and Malaria、そしてジョージ・ブッシュが2005年に設立したPresident's Malaria Initiativeなど数々の機関が、記録的な20億ドルを使った。

　Roll Back Malaria Partnershipが設定した2015年の目標の中に、マラリアによる死をほぼゼロにするという大胆なものがある。これには2倍以上の出費である毎年50億ドルかかるだろう。Chambers氏は人々を結集させ

- **benefit** 便宜、利益
  *net benefit のnetには「正味の」の意味があり、net benefitは「純便益」(便益から、必要経費を差し引いた額)。この意味と、bed net 蚊帳(かや)のnetを掛けている。
- **assault** 猛攻撃、襲撃

- **ubiquitous** 至る所にある
- **bush** 潅(かん)木、低木
- **semblance** 類似、見せかけ
- **synthetic insecticide** 合成殺虫剤
- **repel** 追い払う、撃退する
- **alight** 降り立つ、降りて止まる
- **surge** 大波、高まり、急増
- **intervention** 介入
- **toll** 代価、犠牲
  *ここではdeath toll「死亡者数」のこと。
- **among others** 数ある中で(も)、特に
- **special envoy** 特使
- **tricky** 手際のいる、やりにくい

- **unprecedented** 先例のない、新しい
- **an array of** ずらりと並んだ、たくさんの

- **heroic** 英雄的な、大胆な
- **rally the troops** 軍隊を集める、兵を結集させる
  *マラリアとの戦いを、戦争に見立てている。

estimates the benefits of fighting malaria in sub-Saharan Africa, which is reckoned to have accounted for nine-tenths of worldwide deaths from the disease in 2010.

Universal deployment of good treatment, diagnostics and preventive measures, including bed nets, would—in theory—prevent 640m malaria cases and 3m deaths by 2015, the paper explains. This would cost at least $6.7 billion between 2012 and 2015, says the African Leaders Malaria Alliance, a regional lobby. But, says the report, it would be a brilliant investment, yielding an astonishing $231 billion-$311 billion, counted in lives saved and malaria cases averted, if you factor in productivity gains and savings in the cost of treatment.

That $6.7 billion is not likely to materialise in its entirety soon. Nor does it include the cost of training health workers and improving surveillance. Problems of counterfeit or substandard medicines are particularly worrying. Tanzanian regulators recently seized 155 containers of fake anti-malarials. Since 2010 the Global Fund has subsidised the private market for the best anti-malaria drugs, known as artemisinin-combination therapies (ACTs). But Roger Bate of the American Enterprise Institute, a think-tank, found that 8% of subsidised ACTs in his sample had too little of the active ingredient. Moreover, those mosquitoes are beginning to resist ACTs and popular insecticides. The battle is far from over.

ようとしている。氏が提出する報告書は、サブサハラ以南のアフリカにおけるマラリアとの戦いの効果を見積もるものだが、2010年には世界中のマラリアによる死亡者の90％を、この地域が占めていたと見る。

　望ましい治療、診断、そして蚊帳のような予防法を全世界で展開することが、理論的には2015年までに6億4000万人の感染と300万人の死を防ぐと、報告書は説明する。それには2012年から2015年の間で最低67億ドルの費用がかかると、地域のロビー団体African Leaders Malaria Allianceは言う。だが、報告書によると、それは素晴らしい投資となる。生産力増加と治療にかかる費用の節減を要素に入れて、救われる命と避けられるマラリア感染を計算すると、2310億ドルから3110億ドルという驚異的な利益をもたらすのだ。

　そのための67億ドルは、すぐには全部が実現しそうにはない。また、この数値には医療従事者の訓練や監視活動の費用は含まれていない。偽造や品質不良の医薬品問題は特に心配だ。タンザニアの取締官は、最近155箱の偽の抗マラリア薬を押収した。2010年からGlobal Fundは、アルテミシニン併用療法薬（ACTs）として知られる最も良い抗マラリア薬の民間市場に補助金を出している。シンクタンクAmerican Enterprise InstituteのRoger Bate氏は、彼が試料にした補助金を受けたACTsの8％には有効成分がほとんどないことを知った。その上、蚊はACTsや一般的な殺虫剤に耐性を持ち始めている。戦いはまだまだ続く。

- **universal** 全世界の、全体の
- **deployment** 配置、展開
- **diagnostics** 診断法[学]
- **lobby** （議員に対する）陳情[圧力]団体
- **brilliant** 光り輝く、すばらしい
- **yield** （利益など）を生じる
- **astonishing** 驚くほどの
- **factor in** ～を計算に入れる、要素として含める

- **materialise** 具体化する、実現する
- **in its entirety** そっくりそのまま、全体として
- **Nor does it include...**
  ＊否定語Norが頭にあるので、〈助動詞＋主語＋動詞〉の形で倒置されている。（p.27参照）
- **surveillance** 監視、見張り
- **counterfeit** 偽の
- **seize** を押収する
- **anti-malarial**（drug）抗マラリア薬
- **subsidise** ～に助成金[補助金]を与える
- **artemisinin-combination therapy** アルテミシニン併用療法
- **active ingredient** 有効成分
- **insecticide** 殺虫剤

India and China
Friend, enemy, rival, investor
How can India make its economic relations with China less lopsided?

Jun 30th 2012 | MUMBAI | from the print edition

DEALINGS between India and China are stunted in many ways. Rich cultural links once existed long ago, from the study of eclipses to Buddhist chanting, but hardly anyone remembers that today, laments Amartya Sen, a Nobel-prize-winning economist. After a love-in during the 1950s, China thumped India in a border war in 1962, and the two have continued to growl over their high-altitude frontier since. Indians envy China's economic rise, but console themselves by pointing out that it is no democracy. Aside from stiff displays of fraternity at summits, most recently the G20 bash in Mexico on June 18th-19th, China seems not to think much about India at all. Investment flows are negligible. There are still no direct flights between Beijing or Shanghai and Mumbai, India's commercial hub.

And yet a huge shift has taken place in the make-up of Indian trade. When India began to liberalise its economy in 1991, the West still dominated the world economy, and it was to the West that India turned for trade. China's rise has now changed everything—for India, too. China is now its third-largest trading partner in goods, and the biggest if you include Hong Kong. For China's East Asian neighbours a dominant trade with China is a given, but Indians are still trying to digest the development.

インドと中国
友人、敵、競争相手、投資家

いかにインドは
中国との経済関係の不均衡を是正するか

　いろいろな意味で、インドと中国の取引関係は発育不全だ。昔、日食や月食の研究から仏教の経に至るまで、豊かな文化的結びつきが一度はあったが、今日ほとんど誰も覚えていない。そう嘆くのは、ノーベル賞受賞者の経済学者Amartya Sen氏。1950年代には友好関係があったが、1962年の国境争いで中国はインドに拳を振り下ろした。それ以来、両国は高地にある国境をめぐっていがみ合い続けてきた。インドは中国の経済発展を羨む一方、中国には民主主義がないと言って、自らを慰める。最近では6月18、19日にメキシコで開催されたG20のパーティーでのように、サミットで見せるよそよそしい同胞愛は別にして、中国はインドについてあまり考えていないようだ。投資の流れはごくわずかだ。今なお、北京や上海とインドの商業中枢地ムンバイ間に直行便はない。

　しかし、インドの貿易の構造に大きな変化が起こっている。1991年にインドが経済の自由化を始めたとき、欧米がまだ世界経済を支配しており、インドの貿易相手は欧米だった。中国の台頭が今、全てを変えた。インドに対してもだ。中国は現在、3番目に大きいインドの貿易相手で、香港を含めると最大相手国となる。中国の東アジア近隣諸国にとって、中国が最有力の貿易相手というのは当然のことだが、インド人はなお、この展開の意味をかみしめようとしている。

- ■ lopsided　一方に傾いた、偏った
- ■ stunt　成長を妨げる
- ■ eclipse　（太陽・月の）食（しょく）
- ■ lament　悲しむ、嘆く
- ■ love-in　ラブイン
  ＊人間愛をテーマにした集会。ヒッピーたちが始めた。
- ■ thump　～を[こぶし・鈍器で]ゴツンとたたく
- ■ growl　うなる、怒ってがみがみ言う
- ■ frontier　国境
- ■ console　～を慰める
- ■ stiff　堅苦しい、よそよそしい
- ■ fraternity　兄弟愛、友愛、同胞愛
- ■ bash　にぎやかなパーティー
- ■ negligible　無視できるほどの、ごくわずかな

- ■ make-up　（物の）組立て、構造
- ■ liberalise　～を自由化する
- ■ dominate　～を支配する、服従させる
- ■ a given　当然のこと、既知事項
- ■ digest　～を消化する、（意味を）かみしめる

Part 2

Rising trade with China has been good for India. It mainly imports Chinese capital goods, with firms benefiting from cheap and decent gear. The giant Reliance Group has bought kit for power stations and telecoms networks—partly paid for with competitive Chinese loans. Chinese firms have often strived to win such business. Pan Song of Shanghai Electric, which makes power equipment for Reliance, among others, recounts years of hard slog in India.

But for India the China connection is also disconcerting. For every dollar's worth of exports to China, India imports three, leading to a trade deficit of up to $40 billion in the year to March 2012, or about 2% of GDP. China accounts for a fifth of India's overall trade deficit with the world, over half if oil is excluded. Given India's balance-of-payments woes—the rupee has fallen by a fifth in the past year—even Chinese businessmen worry that the discrepancy in bilateral trade is unhealthy.

And it may grow larger. For a start, the little manufacturing India has tends to be quite high-end. As Chinese firms shift to more complex forms of production, they will make life harder for Indian firms. Saif Qureishi of Kryfs, which makes the metal cores of transformers used in, for example, power grids, says China has won a third of the Indian transformer market and is giving locals "a bloody nose".

Meanwhile, India does not produce much that China wants to buy, a hole that British colonial rulers once plugged with exports of Indian opium. Today India's main exports to China are less iniquitous raw

中国との貿易の増加はインドにとって良いことだ。中国から輸入するのは主に資本財で、企業は安価でそこそこの装置から利益を得る。巨大企業のReliance Groupは、発電所と通信ネットワークの装置一式を購入し、代金の一部を他社より手頃な中国のローンで支払う。中国企業はたいてい、このような取引を獲得しようと努力する。Reliance向けに電力設備を製造するShanghai Electric社のPan Song氏は、とりわけ、インドで何年間も辛い骨折り仕事をしたと語る。

　しかし、インドにとって中国との関係は戸惑いを感じるものだ。中国向けの輸出1ドル分当たり、インドは3ドル分を輸入するため、2012年3月までの1年間で、GDPの約2％にあたる最高400億ドルの貿易赤字となる。インドの全貿易赤字の5分の1を中国が占め、その割合は石油を抜かせば半分以上にもなる。インドの国際収支の苦境──ルピーはこの1年で5分の1価値が下がった──を考えると、中国の実業家でさえ、両国間の貿易不均衡は不健全だと心配する。

　この差は更に広がるかもしれない。まず第一に、インドには高性能な製品を扱う製造業はほとんどない。中国企業がより複雑な形の製品へとシフトしており、インドの企業の状況はより厳しくなるだろう。送電網などに使われる変圧器のメタルコアを製造するKryfs社のSaif Qureishi氏が言うには、中国はインドの変圧器市場の3分の1を獲得し、インド地元民の自尊心を傷つけている。

　一方、インドは中国が購入したいものをあまり生産していない。これは、かつて英国植民地支配者がインドのアヘン輸出で埋めた穴だ。今日、インドから中国への主

- **capital goods** 資本財
  ＊商品生産のために使われる機械など。
- **decent** まずまずの、一定水準の
- **power station** 発電所
- **strive to do** 〜しようと努力する
- **recount** 詳しく述べる
- **slog** 長い骨折り仕事

- **disconcerting** 当惑させる、混乱させる、まごつかせる
- **given** 〜を考慮に入れると
- **balance-of-payments** 国際収支
  ＊ある期間内での対外総支出と総収入との差。
- **woe** 悲哀、悲痛、苦悩
- **discrepancy** 不一致、相違
- **bilateral** 二国[両国]間の

- **manufacturing** 製造(業)
- **high-end** 最高級の、高性能の
- **transformer** 変圧器
- **power grid** 送電網
- **local** 土地の人、地元民
- **give 人 a bloody nose** (人)の自尊心を傷つける
  ＊bloody noseは「鼻血」。

- **plug** 〜に栓をする、ふさぐ
- **opium** アヘン
- **iniquitous** 不正[不法]の、邪悪な

materials, mainly minerals and cotton. But their continuing success is not a given. In the past two years the rivers flowing down to Goa on India's west coast have teemed with barges carrying iron ore bound for China. Yet a crackdown in 2011 on illegal mining has seen volumes fall by a fifth, says Atul Jadhav, of the Goa Barge Owners' Association. In March India briefly banned cotton exports because of fears of shortages.

India is indeed prone to protectionist impulses. No bilateral free-trade agreement exists, and India often flirts with slapping duties on Chinese imports, most recently of power equipment. The Indian sales of Huawei, a telecoms firm, fell by half after it was hit with anti-dumping duties and labelled a security risk. Chinese firms complain of trouble with visas.

More hopefully, India wants to boost its exports to China. At the G20 summit it struck a deal to sell more rice. India would also like leading firms in industries including drugs, carmaking and IT to have better access to China. Most already have a presence, if only for procurement. Yet what is good for Indian multinationals may not generate jobs or foreign exchange for India. Tata Sons, with the biggest China operation, mainly sells Range Rover cars, made in Britain, and IT services, largely employing local Chinese staff.

な輸出品はより合法的な原材料、主に鉱物や綿だ。だが、それらの成功は当然がごとく続くものではない。過去2年間、インドの西海岸にあるGoaへと流れ出る川は、中国行きの鉄鉱石を運ぶ荷船であふれていた。だが、不法採掘に対する厳しい取締りが2011年後半に行われ、その量は5分の1減ったと、Goa Barge Owners' AssociationのAtul Jadhav氏は言う。3月には、綿不足に陥る懸念から、インドは一時的に綿の輸出を禁止した。

インドは実に保護貿易主義の衝動に駆られがちだ。2国間自由貿易協定はどこも結ばず、しばしばインドは中国からの輸入品に税金をかけてみたりする。最近は電力設備に対してだった。アンチダンピング税を課され、セキュリティーの危険があるとレッテルを貼られてから、通信会社Huaweiのインドでの販売は半分になった。ビザの問題で不満を述べる中国企業もある。

うまくいけば、インドは中国への輸出を増やしたい。G20サミットでは、コメの販売を増やすことで合意した。インドはまた、薬や自動車製造、IT産業などのインド大手企業が中国にもっと進出できるようにしてもらいたい。多くは既に支店はあるが、せいぜい調達のためだ。だが、インドの多国籍企業にとってのよいことは、インドのために職や外貨を作り出すことではないかもしれない。中国での事業が最も大きいTata Sonsは、主に英国で製造されたレンジ・ローバー車の販売とITサービスを提供するが、主として地元中国人スタッフを雇うのだ。

- mineral 鉱物
- teem with 〜で満ちあふれている
- barge 平底荷船、はしけ
- iron ore 鉄鉱石
- crackdown 厳重な取締まり

- protectionist 保護貿易論者(の)
- impulse 衝動
- flirt with もてあそぶ、面白半分に手を出す
- power equipment 電力設備
- anti-dumping duty アンチダンピング税
- label 〜にラベルを貼る、レッテルを貼る

- boost 押し上げる、増やす
- strike a deal 合意する、取引をまとめる、協定を結ぶ
- procurement 調達、(商品の)仕入れ
- multinational 多国籍企業
- foreign exchange 外国為替、外貨

And so the trade deficit looks likely to stay. Yet China could do more to help finance it, if given the chance. More loans from Chinese banks would be good—so far India has been wary, with only one Chinese bank allowed to have a branch there. More foreign direct investment would help, too. In 2011 Narendra Modi, the chief minister of Gujarat state, visited China to drum up investment. More often, India seems to regard FDI as the gift of Western multinationals alone.

It need not be so. In a dusty bit of Maharashtra state sits one of the first Chinese factories in India, run by Sany, which makes diggers and other construction machines. Richard Deng, its boss, says it has invested $70m and employs 460 locals; if all goes to plan it will double in size before long. T.C.A. Ranganathan, chairman of Exim Bank of India, reckons ten Chinese firms have or are building plants in India, and 100 firms have offices there.

Despite the usual cold sweats foreigners have about India (nightmarish red tape, a cultural gap), Chinese executives agree that more local production will take place. Sun Haiyan of Trina Solar, a solar-equipment firm, says that, as a global company, it has to manufacture locally. Wu Rong of ZTE, a telecoms concern, says it employs mainly locals and is producing more in India. Huawei, its India problems notwithstanding, is building a new research campus in Bangalore. Niu Qingbao, China's consul in Mumbai, says Chinese firms are mustard-keen to invest in infrastructure, if also a little daunted.

それで、貿易赤字は続く可能性が高い。だが、機会があれば中国はインドに金融支援の手助けがもっとできるだろう。今のところ、インドは用心深くたった一つの中国の銀行しかインドに支店を持つことを許可していないが、中国の銀行からの融資が増えるのは良いことであろう。外国直接投資の増加も助けになる。2011年に、Gujarat州のNarendra Modi首相が中国を訪問して投資を呼びかけた。大抵は、インドは外国直接投資を、単に欧米多国籍企業が来るというプレゼントとして見ているようだ。

　必ずしもそうではない。Maharashtra州のほこりっぽい一角に、インドで初めての中国工場の1つがある。掘削機や他の建築機械を製造するSany社が運営する工場だ。7000万ドルを投資し、地元民460人を雇っており、すべてが計画通りにいけば、まもなく2倍の規模にすると、主任のRichard Dengは言う。インドExim Bankの会長T.C.A. Ranganathanは、10の中国企業がインドに工場があるか建築中で、100の企業がインドに事務所を構えていると言う。

　インドについて外国人がいつも冷や汗をかく（悪夢のようなお役所仕事、文化の違い）にも関わらず、中国企業の幹部たちは、インドでの生産は増えるだろうと言う。ソーラー設備会社Trina SolarのSun Haiyan氏は、グローバル企業として、地元で製造しなければならないと言う。通信会社ZTEのWu Rongは、主に地元民を雇い、インドでの生産を増やしていると言う。Huawei社はインドでのトラブルにも関わらず、Bangaloreに新しい研究キャンパスを作っている。ムンバイのNiu Qingbao中国領事官は、少しおじけづいてもいるが中国企業はインフラへの投資にとても熱心だと言う。

- finance ～に資金を融通する、融資する
- if given the chance 機会があれば
- so far 今までのところ
- wary 用心深い、慎重な
- foreign direct investment 外国[海外]直接投資（= FDI）
  ＊外国証券などの投資でなく、海外で事業を行う企業経営のための投資。
- drum up （ドラムをたたいて[鳴り物入りで]）呼び集める

- dusty ほこりまみれの、ほこりっぽい
- digger 掘る人、掘る機械
- reckon ～を数える、考える
- ＊2文目は倒置。One of the first Chinese factories…sits in a dusty bit of Maharashtra state.が元の形。

- cold sweat 冷や汗
- red tape 官僚的形式主義、お役所仕事
- concern 事業、会社、企業
- notwithstanding それにもかかわらず、それでも
- consul 領事
- mustard-keen とても熱心な
- daunted おじけづいて、ひるんで

Might this be the start of a wave of Chinese investment? India needs outside capital, and expertise in manufacturing and infrastructure. China must invest its surplus funds abroad, ideally not just in government bonds—as mostly happens in America—and ideally in countries that are not about to go belly up, as may happen in Europe. Chinese investment in India is an idea whose time has come, if only the two sides can conquer a legacy of mistrust.

これは中国の投資の波の始まりか。インドは国外の資本金と専門技術を、製造業とインフラで必要とする。中国は剰余資金を海外で投資しなければならない。理想的には主に米国で起こっているような国債だけへの投資でなく、またヨーロッパで起こるかもしれない破産という事態にはならなそうな国への投資だ。中国のインドへの投資は、来るべき時が来たと考えられる。両国が不信という遺産を克服できさえすればだ。

- **expertise** 専門技術、専門知識
- **surplus fund** 剰余（資）金、余資
- **government bond** 国債
- **go belly up** だめになる、破産する、死ぬ
  ＊魚が死ぬと腹が上になることから。
- **conquer** 征服する、克服する
- **legacy** 遺産、受けつがれたもの

Singletons
The attraction of solitude
Living alone is on the rise all over the world.
Is this bad news?

Aug 25th 2012 | from the print edition

THE Prada-toting protagonists of "Sex and the City", a once-popular American television show about single thirty-somethings in New York, are unlikely role models for Middle Eastern women. The second movie spin-off was partially set in Abu Dhabi, but the authorities stopped it from being filmed or even screened there.

Yet the single lifestyle appears to be catching on even in the Gulf. According to the latest statistics from the United Arab Emirates' Marriage Fund, a government body that provides financial assistance to the affianced, about 60% of women over 30 are unmarried, up from 20% in 1995—a trend that Said al-Kitbi, a government spokesman, calls "very worrying".

If it is any comfort, the UAE is far from alone. Singledom is on the rise almost everywhere. Euromonitor, a research firm, predicts that the world will add 48m new solo residents by 2020, a jump of 20%. This means that singletons will be the fastest-growing household group in most parts of the world.

The trend is most marked in the rich West, where it has been apparent for some time. Half of America's adults, for instance, are unmarried, up from 22% in 1950. And nearly 15% live by themselves, up from

独身者たち
独身の魅力

1人暮らしが世界中で増加。
悪いニュースなのか？

- singleton 単独個体、独身者
- solitude 孤独、独居

ニューヨークに住む30代独身者を描いたかつて人気だった米TVドラマ、Sex and the City の プラダを持った主人公たちは、中東の女性たちのお手本にはならないようだ。映画版第2作目は一部アブダビが舞台だったが、当局は現地での映画の撮影も上映も中止させた。

- -toting ～を持っている
  *動tote ～を持ち運ぶ
- protagonist 主人公、主役
- spin-off スピン・オフ、(好評番組の)続編
- screen 上映する

だが、独身という生活スタイルはペルシャ湾岸諸国でも人気があるようだ。婚約した人に財政援助をする政府機関であるアラブ首長国連邦のMarriage Fundの最新統計によると、30歳を超える女性の約60%は独身で、1995年の20%から上昇した。政府の広報担当者Said al-Kitbiが"とても憂慮すべき"と呼ぶ傾向だ。

- catch on 人気を博する、流行する
- the Gulf ペルシャ湾岸諸国（背景知識p.31 Gulf Statesを参照）
- United Arab Emirates アラブ首長国連邦（= UAE）
- affianced 婚約した（= engaged）

慰めがあるとすれば、UAEのような国はざらにあるのだ（一人ぼっちではない）。独身はほとんどどこでも増えている。調査会社Euromonitorの予測では、2020年までに全世界で単身生活者が20%増えて、新たに4,800万人の追加となる。つまり、独身者は世界のほとんどの場所で最も急速に拡大している世帯グループになるのだ。

- if it is any comfort いくらかでも慰めになるならば
- far from ～からは程遠い、決して～ではない
- singledom 独身の状態[界]
- solo 単独の

この傾向は裕福な欧米諸国で最も著しく、ここしばらくの間を見るとはっきりしている。例えば米国では大人の半分は独身だが、1950年の22%から上昇した。また1人暮

- apparent 明白な、明瞭な

89

4%. But singles are multiplying in emerging economies too—and are changing consumption patterns. In Brazil annual sales of ready-made meals—much favoured by lone-rangers—have more than doubled in the last five years, to $1.2bn; sales of soups have tripled.

Although the phenomenon is global, the factors that drive it vary. Dilma Rousseff, the unattached president of Brazil, leads a country where rapid industrialisation has gone hand in hand with people getting married less and later. In Japan women are refusing to swap their careers for the fetters of matrimony. Even in Islamic Iran, some women are choosing education over marriage, exploiting newly relaxed divorce laws or flashing fake wedding rings to secure sole lodgings.

The picture is more troubling in China and India, where the dark arts of selection for male babies promise a generation of bachelors with diminished conjugal prospects. The inverse is true among African-Americans. America's prison system ensnares one in nine black men between the ages of 19 and 34, narrowing the pool for black women who, by and large, do not marry outside their racial group.

Three explanations apply in general, however. First, women are often marrying later as their professional opportunities improve. Second, thanks to increased longevity, bereaved spouses are outliving their partners for longer than the widows and widowers of yesteryear. And third, changing social attitudes in many countries mean that the payoffs of marriage—financial security, sexual relations, a stable relationship—can now often be found outside the nuptial bed.

らしの人は15％近くおり、4％からの上昇だ。一方、独身者は新興経済国でも増えており、消費パターンを変えている。ブラジルでは、単身者に非常に好まれる、調理済み食料の年間売上は過去5年間で2倍以上の12億ドルとなり、スープの売り上げは3倍になった。

　これは世界的な現象だが、後押しする要因は様々だ。独身のブラジル大統領Dilma Rousseffが率いる国で急速に進む工業化は、結婚しなかったり遅らせている人々と密接な関係がある。日本では女性たちがキャリアを結婚生活の束縛と交換するのを拒んでいる。イスラム教のイランでさえ、最近緩和された離婚法をうまく利用したり、1人で住む場所を確保するために偽の結婚指輪を光らせて、結婚よりも教育を選ぶ女性もいる。

　この事態は、中国やインドではより厄介だ。男の赤ん坊を選ぶ魔術で、結婚の可能性が目減りし、未婚男性の世代が見込まれる。アフリカ系アメリカ人では逆だ。米国では、19才から34才の黒人のうち9人に1人は刑務所に入っており、概して別の人種とは結婚しない黒人女性のための男性要員が少なくなっている。

　だが、一般的に3つの説明が当てはまる。まず、職業的な機会が改善すれば、女性はしばしば結婚を先延ばしにする。2つ目は、寿命が延びたおかげで、配偶者を失った人々はその後、往年に比べてより長生きしている。3つ目に、多くの国々で社会的態度が変わっており、経済的安定や性的関係、そして安定した関係といった結婚の見返りは、たいてい今では結婚しなくても見つけられる。

- multiply 増える
- ready-made meal 調理済みの食料
- lone-ranger 単独行動者
- bn 10億（= billion）

- phenomenon 現象
  ＊複数形は phenomena
- vary 変わる、さまざまである
- unattached 独身の、決った恋人がいない
- go hand in hand 〜と手に手を取って進む、密接な関係がある
- swap 〜を交換する
- fetter 足かせ、束縛
- matrimony 結婚生活
- exploit 〜を利用する
- secure 〜を確保する

- dark art 魔術、妖術（=black art）
  ＊魔術などを使って不自然な影響を世界に与える。
- conjugal 結婚の、夫婦の
- inverse 逆、反対
- ensnare 〜をわなにかける、陥れる
- by and large 概して、一般的に

- in general 一般に、概して
- longevity 長寿、寿命
- bereaved （身内などに）先立たれた
- widow 未亡人、寡婦（かふ）
- widower 男やもめ
- yesteryear 昨年、往年
- nuptial 結婚の

The spread of singledom has drawbacks. One-person households have a bigger carbon footprint than joint dwellings and drive up housing costs. Singles tend to have fewer children, increasing the burden on the young to support an ageing population. And single people appear more vulnerable and thus potentially costlier to society than those who have a partner: numerous studies have confirmed the psychological and health benefits of stable romantic unions.

Yet these worries may be overdone. The term "single" lumps all unmarrieds into one basket, making it hard to distinguish between true loners and those who cohabit out of wedlock or live with friends or family. Even those who live alone are not necessarily solitary. "Living alone, being alone and feeling lonely are three different social conditions," says Eric Klinenberg, a sociologist at New York University and author of a recent book, "Going Solo".

Far from being loners, Mr Klinenberg argues, singles are more likely to spend time with friends and neighbours, and to volunteer in civic organisations. This explains why singlehood proliferates in places where such networks can crystallise, he says: in many urban centres and in Scandinavia, where strong social safety nets free people to pursue their own goals. By 2020, Euromonitor predicts, almost half of households in Sweden will contain only one person.

Policymakers have tended to ignore singletons—and been guilty of what Bella DePaulo, a social psychologist at the University of California in Santa Barbara, calls "singlism". From tax breaks to holiday arrangements, couples and spouses often enjoy a host of benefits that singles do not.

独身の広がりには欠点がある。単身世帯は共同で住むよりも多くの二酸化炭素を排出するし、住居費は上がる。独身者は子供の数が少ない傾向があり、高齢化する人口を支える若者の負担を重くする。独身の人は、パートナーがいる人よりも脆弱で、社会にとって潜在的により多くの金がかかるらしい。数多くの研究が、安定したロマンチックな結びつきは心と健康に良い効果があると裏付けている。

　だが、そういった心配は誇張されたものかもしれない。"独身"という言葉は、未婚の人を全部まとめて一緒にしているため、本当のひとり者と結婚せずに同棲や友人、家族と住む人を区別しにくい。一人暮らしの人ですら、必ずしも孤独ではない。「一人暮らし、一人でいること、寂しいと感じることは、3つの違った社会的状況だ」と、ニューヨーク大学の社会学者で最近出版された『Going Solo（単身になる）』の著者でもあるEric Klinenberg氏は言う。

　一人でいるどころか、独身者は友人や近所の人と一緒に時を過ごしたり、市民組織でボランティア活動をする傾向がずっと高いと、Klinenberg氏は主張する。これにより、そのようなネットワークが形成される場所、彼が言うには多くの都心やスカンジナビアで独身が増える理由の説明がつく。社会の強いセーフティーネットがあるので自由に自分の目標を追い求めることができる場所だ。Euromonitor社の予測では、2020年までにスウェーデンのほぼ半分が単身世帯となる。

　政策立案者たちは独身者を無視しがちであり、サンタ・バーバラ市にあるカリフォルニア大学の社会心理学者Bella DePaulo氏が"未婚者への差別"と呼ぶ罪を犯してきた。税控除から休暇中の旅行手配に至るまで、夫婦や配偶者はたいていの場合、独身者にはない多くの恩恵がある。

- drawback 欠点、不利益
- carbon footprint 二酸化炭素排出量
- dwelling 居住、住居、住宅
- ageing population 高齢化する人口
- vulnerable 傷つきやすい、脆弱な
- numerous たくさんの、数多くの
- confirm 確かめる、確認する

- overdo ～をやりすぎる、誇張して言う
- distinguish 区別する
- loner 独りで行動[生活]する人、孤独な人
- wedlock 婚姻、結婚生活
- sociologist 社会学者

- proliferate 増殖する、急増する
- crystallise 結晶する、具体化する
- free 人 to do （人）を自由に～させる
- predict 予測する

- policymaker 政策立案者
- singlism 未婚者への差別
- tax break 税控除、減税
- a host of たくさんの～

Fewer marriages, better marriages

Some governments are now trying to stem the tide. The UAE's Marriage Fund, for instance, has spent almost $16m this year in one-off grants to encourage couples to tie the knot. It also sponsors mass weddings, and publishes a regular information bulletin whose title translates as the Journal of Passion. In America the Obama administration has continued to fund the "Healthy Marriage Initiative", a programme launched by George W. Bush, to encourage unmarried parents to get hitched, at a cost of $150m a year.

Such efforts may not work, or may even backfire. Recent studies of marriage promotion in America suggest that it is ineffective when directed towards non-white or poor families, for whom financial security seems to have a higher priority than improving intimate relationships. More broadly, some of the things that make marriages today more unstable—their voluntary nature and women's higher standards in relationships—also explain why, when marriages work, they are fairer and more intimate than ever before, points out Stephanie Coontz, the author of "Marriage: A History".

So governments should stop panicking. When Cupid's hand is forced, his arrow is liable to misfire. In early imperial Rome, when the emperor Augustus put a tax on celibacy in response to anaemic marriage rates, he faced a spate of betrothals to underage women, an open revolt from his senators—and a decline in his citizens' conjugal appetites.

減少する結婚、良くなる結婚

　今、独身の広がりを食い止めようとしている政府もある。例えば、アラブ首長国連邦のMarriage Fundは今年、カップルが結婚するのを促すために1回限りの交付金約1600万ドルを出費した。また同基金は、集団結婚式を主催し、Journal of Passion（情熱のジャーナル）を意味するタイトルの情報広報を定期的に発行する。米国ではオバマ政権が、Healthy Marriage Initiativeに資金提供を続けている。ジョージ・W・ブッシュ氏が始めたこのプログラムは、毎年1億5000万ドルを出費し、未婚の両親が結婚するよう奨励する。

　そのような取り組みはうまく行かないか、逆効果にさえなるかもしれない。米国の結婚促進についての最近の研究によると、非白人や貧しい家族に対しては効果がない。彼らにとっては、親密な関係を改善するより経済的な安定の方が優先度が高そうだ。さらに広く見れば、結婚は自発的なものという性質や女性が関係において以前より高い基準を持つことなど、今日の結婚を不安定にするものの中には、結婚がうまく行く場合は従来にも増して公平で親密であることの理由を説明するものがある。そう指摘するのは、『Marriage: A History』の著者Stephanie Coontz氏だ。

　だから、政府はうろたえるのを止めるべきだ。キューピッドが無理強いされれば、とかく矢は失敗しやすい。初期の帝国ローマではアウグストゥス皇帝が芳しくない結婚率を受けて独身に税を課したとき、未成年女性との数多くの婚約に皇帝は直面した。これは元老院議員からの公然とした反旗であった。そして、ローマ市民の結婚への意欲は減退した。

- stem the tide 食い止める、流れを止める
- one-off 1回限りの
- grant 許可、交付金、補助金
- tie the knot 結婚する
- sponsor 〜を主催する
- get hitched 結婚する（= get married）

- backfire 逆効果となる、裏目に出る
- intimate 親密な

- be liable to do 〜しがちだ ＊主によくないことに用いる。
- misfire 不発に終わる、失敗する
- celibacy 独身(生活)
- anaemic 貧血の、弱々しい
- a spate of たくさんの〜
- betrothal 婚約（= engagement）
- senator （古代ローマの）元老院議員
- appetite 食欲、欲求、意欲

Part 3
覚えておこう、
この単語・この表現

ぜひ覚えておきたい語彙やフレーズなどを
品詞別、分野別に示しました。
品詞別は頻度順で、重要な類語も出ていますので、
後半の分野別と併せて
効率的に語彙を増やしていきましょう。
例文や表現は全てザ・エコノミストの記事のものです。
読み応えある例文で、
実際に単語がどのように使われているかもチェック！

重要語彙［一般］

動詞・句動詞

alleviate [əlíːvièit]
（苦痛・悲しみなど）を軽減する、和らげる

alleviate poverty 貧困を軽減する

- 類 **ease** （痛み・心配など）を和らげる、和らぐ　The tension eased. 緊張は緩和した。
- 類 **allay** （不安などを）鎮める、和らげる　allay fears 不安を和らげる
- 類 **soothe** （神経・感情を）落ち着かせる、（痛みなどを）和らげる
  soothe nerves 不安を落ち着かせる
- 反 **aggravate** （悩み・病気など）をさらに悪化させる

spur [spə́ːr]
〜に拍車をかける、〜を促す　　名 拍車、刺激

spur development 開発に弾みをつける

- 類 **urge** 〜を促す、駆り立てる
- 類 **stir up** よくかきまぜる、かき立てる、引き起こす
  stir up hysteria 集団ヒステリー（興奮した過剰な反応）を引き起こす

facilitate [fəsílətèit]
〜を容易にする、促進する

- 例文 Gaza's tunnel complex under the border with Egypt is facilitating a private construction boom.
  エジプトとの国境下を通るガザ地区のトンネルが、民間の建築ブームを巻き起こしている。
  ＊complex 複合体、複合建築物

- 名 **facilitator** 促進するもの、（討論などの）進行役、まとめ役
- 類 **promote** 〜を促進する、〈新製品などを〉宣伝販売する
- 類 **expedite** 〜を促進する、はかどらせる
- 類 **pave the way for** 〜への道を開く、〜を容易にする

exacerbate [egzǽsərbèit]
〜を悪化させる

例文 During Ramadan, the tension has been exacerbated by the government's intervention in religious practice.
ラマダンの期間中、政府が宗教的慣習へ介入したことで緊張状態は悪化した。

類 **compound the problem**　問題を悪化させる
　　＊compound（困難さなど）を増す、さらにひどくする　**名**混合物、構内　**形**合成の

類 **aggravate**　〈病気などを〉悪化させる、〈負担などを〉いっそう重くする

類 **make 〜 worse**　〜をさらに悪化させる

---

salvage [sǽlvidʒ]
（難破船・火災などから）物品を救い出す、〜を救う

salvage his good name　彼の名誉を回復する
　　＊good name　よい評判

---

pledge [plédʒ]　　　　　　　　　　　　**名**（〜するという）堅い約束
約束する

例文 He pledged to relieve their electricity shortages.
彼は電力不足を緩和すると約束した。

---

commit [kəmít]
尽力する、〜を約束する、〈罪・過失などを〉犯す、委託する、引き渡す

commit suicide　自殺する

例文 Rio is committed to building a new metro line.
リオデジャネイロは地下鉄路線の新設を約束している。

名 **commitment**　約束、傾倒、委託、犯行、収監

例文 France could afford no slippage in keeping to its commitment to reduce the deficit to 3% in 2013.
フランスは2013年に財政赤字を3%に減らすという公約を先延ばしにする余裕はない。
　　＊slippage　滑ること、ずれ、遅延

tackle [tǽkl]
(問題など)に取り組む

＊後ろに直接目的語を取る。withなどの前置詞を入れないこと。

tackle its budget deficit 財政赤字に取り組む

- 類 **deal with** ～を扱う、(問題など)に対処する
- 類 **grapple with** (問題など)に取り組む
- 類 **wrestle with** (問題など)に取り組む、戦う

commission [kəmíʃən]
名 委任(された任務)、手数料、委員会

～を委託する

according to a report commissioned by the UN 国連が委託した報告書によると

European Commission 欧州委員会

alter [ɔ́ːltər]
～を変える、変わる

例文 All airlines already charge the difference between the original and the new fare when a ticket is altered.
全ての航空会社は、チケット変更時に元のものと新しい運賃との差額をすでに請求している。

thrive [θráiv]
栄える、(植物などが)成長する

例文 No democracy can thrive while the armed forces hold most of the power.
軍隊が政権のほとんどを握っているうちは、民主主義は育たない。

- 類 **prosper** 繁栄する
- 類 **flourish** (植物が)繁茂する、栄える
- 類 **boom** にわかに景気づく

boost [búːst]
～を押し上げる、増やす、高める

例文 The new investment in Brazil's infrastructure can help boost the country's stalled economy.
ブラジルのインフラへの新しい投資が、国の行き詰った経済を押し上げる助けとなる。

＊stalled 立ち往生している、行き詰まった

reinforce [rì:infɔ́:rs]
〜を補強する、強化する

reinforce the safety net 安全網[セーフティーネット]を強化する

類 **bolster (up)** 〜をまくらで支える、〜を支持する、強化する

例文 Such a move may bolster Germany and other solid northern economies.
そのような動きは、ドイツや他の堅実な北欧経済国を下支えするかもしれない。
＊solid しっかりした、堅実な

類 **prop up** 〜を支える　prop up economic growth 経済成長を支える

類 **buttress** 〜を(控え壁で)支える、補強する

---

underpin [ʌ̀ndərpín]
〜を下から支える、〈土台を〉強化する

underpin prosperity, stability and growth 繁栄と安定、成長を支える

名 **underpinning** 土台、基礎、支え

---

curb [kə́:rb]
名 (歩道の)縁石

〜を抑制する

curb rising deficits 増える赤字を抑制する

例文 If central bankers raise interest rates to curb inflation, they risk driving up the currency further.
中央銀行がインフレ抑制のために利率を上げれば、更に通貨価値を上げる恐れがある。

類 **restrain** 〜を抑制する、制限する

類 **restrict** 〜を制限する

類 **inhibit** 〜を抑制する、禁じる

---

check [tʃék]
名 抑制、小切手、請求書

物・事(の動き・進行)を止める、阻止する

check inflation インフレを抑制する
　= keep [hold] inflation in check

checks and balances 抑制と均衡(一般に、国の立法、司法、行政の三権分立を指す)

Part 3 動詞・句動詞

101

hinder [híndər]
〜を妨げる、邪魔する

例文 Brent crude is now above $110 a barrel, raising fears that high prices will hinder a global recovery.
ブレント原油は現在1バレル110ドルを超え、高値が世界経済の回復を阻むだろうとの不安を引き起こしている。

＊Brent crude　ブレント原油(原油価格市場で主要な原油のひとつ。主に英国のブレント油田で採鉱される)

[名] **hindrance** 妨害、邪魔、妨げとなるもの
[類] **hamper** 〜を妨げる、邪魔する
[類] **impede** 〜を妨げる、じゃまする、遅らせる
[類] **obstruct** 〈道などを〉ふさぐ、〈進行などを〉妨げる
[類] **shackle** 〜を拘束する、妨げる　[名] 足かせ、手かせ

foil [fɔ́il]
〈相手・計画などを〉くじく、未然に防ぐ、挫折させる

例文 Israeli intelligence had been able to foil 99% of such terror attempts.
イスラエルの諜報機関は、そのようなテロの企ての99%を未然に防いできた。

[類] **balk (at)** 〈希望・計画などを〉挫折させる、くじく、しりごみする
[類] **frustrate** 〈計画などを〉だめにする、挫折させる、失望させる
[類] **thwart** 〈計画・目的などを〉くじく、挫折させる

exploit [iksplɔ́it]　　　　[名] 偉業、功績
〜につけ込む、搾取する、開発する、利用する

＊良い意味にも悪い意味にも使われるので、文脈で判断する。

exploit their country's weakness 彼らの国の弱みにつけ込む

例文 No other country has seen its shale gas exploited so vigorously.
他のどの国も、そう積極的にはシェールガスを開発してこなかった。

＊vigorously　精力的に

[名] **exploitation** 搾取、開発
[類] **take advantage of** 〜を利用する、つけ込む
[類] **capitalise on** 〜を利用する、つけ込む
[類] **cash in on** 〜で(金銭的に)もうける

utilise [júːtəlàiz]
〜を利用する、役立たせる（＝utilize）

utilise the huge maritime resources 膨大な海洋資源を利用する

名 **utilisation** 利用（＝utilization）
類 **harness** 〈水力など自然の力を〉（動力源に）利用する、活用する

tap [tǽp]
〜を軽くたたく（こと）、〈資源などを〉利用する、盗聴する

a few taps on the iPad iPadを数回軽くたたくこと
tap his phones 彼の電話を盗聴する
tap private capital 民間資本を利用する

類 **wiretap** 盗聴、盗聴器、盗聴する

revoke [rivóuk]
（許可・命令など）を取り消す、無効にする

revoke a license 免許を取消す

類 **rescind** 〈法律・条約などを〉取り消す、無効にする
類 **repeal** 〈法律などを〉廃止する、撤回する
類 **abolish** 〈法律・制度・習慣などを〉廃止する、撤廃する

foment [foumént]
〈不和・反乱などを〉助長・扇動する

foment a rebellion 反乱を扇動する

類 **incite** （良くないことへ）あおる、扇動する **incite violence** 暴力をあおる
類 **instigate** 〜を扇動する **instigate a revolution** 改革を扇動する
類 **fan the flames** （炎・怒りなどを）煽り立てる

signify [sígnəfài]
〜を示す、意味する

例文 Its cross-shaped hilt signified his belief that his skill and power in the field were a gift from God.
十字型の柄は、その分野での彼の技能と力は神の恵みだという彼の信念を示していた。
＊hilt （刀剣の）つか

名 signifier　意味を表す人[物]
類 indicate　〜を示す、表す、それとなく知らせる

slash [slǽʃ]
〜をさっと切る、削減する

例文 The government slashed its financial support.
政府は財政的援助を削減した。

muse [mjúːz]
（〜について）考える、思いを巡らす (on/about/that)

例文 The former prime minister mused in public for the first time about a comeback.
その前首相は、公の場で初めて復帰について思いを巡らせた。

類 ponder　〜を熟考する
類 reflect on　〜を熟考する、思い起こす
類 deliberate　〜を熟慮する
類 contemplate　〜をじっくり考える、熟視する

accomplish [əkámpliʃ]
〈仕事・計画などを〉成し遂げる

例文 Billionaires can accomplish things, but they cannot assume responsibility for national problems.
億万長者は事を成し遂げることはできるが、国家の問題に責任を負うことはできない。
＊assume responsibility for　〜について責任を負う

名 accomplishment　達成、完成、業績
類 achieve　〜を成し遂げる、完成する
類 attain　〜を達成する、成し遂げる、〈地位などを〉獲得する
類 carry out　〜を行う、遂行する
類 bring about　〜を引き起こす、成し遂げる（＝cause）

confirm [kənfə́ːrm]
～を(本当だと)確かめる、確認する

例文 The audit confirmed there was no evidence of fraud in any of the current contracts.
会計監査で、現契約のどれにも不正の証拠はなかったと確認した。
＊audit 会計検査・監査

類 affirm ～を断言する、肯定する
類 validate ～が正しいことを証明する、～を確認[認証]する
類 verify ～が事実であることを証明する、～が正しいことを確かめる

---

corroborate [kərɑ́bərèit]
～を補強する、確証する、裏付ける

例文 Wherever possible we try to corroborate information with longstanding Syrian contacts on the ground.
可能ならどこでも、現地で接触を続けているシリア人情報提供者に話を聞いて情報の裏付けをとる。
＊longstanding ずっと昔からの、長年の　contact （情報などが得られる）関係筋
on the ground 現場で

---

launch [lɔ́ːntʃ]
〈事業などを〉始める、〈新製品を〉売り出す、〈ロケットなどを〉打ち上げる

launch an investigation 調査を始める

類 initiate 〈事業・計画などを〉始める
類 embark on ～に乗り出す、着手する

---

soar [sɔ́ːr]
(空高く)舞い上がる、急上昇する

例文 Food prices are soaring. 食物価格が高騰している。

類 skyrocket （物価などが）急上昇する
類 shoot up （物価・温度などが）急上昇[急増]する
類 go through the ceiling [roof] （物価などが）急騰する、ひどく腹を立てる

105

sideline [sáidlàin]

（活動・仕事などから）はずす、干す

名 サイドライン、副業、傍観者的立場

例文 The army has been effectively sidelined by the newly elected president.
軍は事実上、新しく選出された大統領によって中心的な場からはずされた。

＊effectively　事実上（＝ in effect）、効果的に　elected（任命でなく投票で）選ばれた

例文 A growing sideline is stolen oil. 増えている副業は石油の窃盗だ。

devastate [dévəstèit]

〈土地などを〉荒らす、荒廃させる、〈人を〉くじけさせる

例文 The shutdown of South Sudan's oil production has devastated the economy.
南スーダンの石油生産の停止が経済を壊滅させた。

名 **devastating** 破壊的な、衝撃的な、圧倒的な　devastating flood 壊滅的な洪水
類 **ravage** ～を破壊する、荒廃させる
類 **ruin** ～を破壊する、荒廃させる　**名** 遺跡、廃墟
類 **demolish** 〈建物などを〉破壊する
類 **raze** 〈町・建物などを〉破壊する

embed [imbéd]

～を埋め込む

microchips embedded in phones 電話に埋め込まれたマイクロチップ

例文 Card giving is a strongly embedded culture in Britain.
はがきを出すことはイギリスに深く根付いた文化です。

類 **implant** 〈思想などを〉植えつける、〈臓器・皮膚・人工歯根などを〉移植する
類 **instill** 〈思想などを〉徐々に教え込む、しみ込ませる

dent [dént]

～をへこませる、不利な影響を与える

名 （打ってできた）へこみ

例文 The company's reputation was dented by some embarrassing hiccups over data privacy.
機密データに関しての恥ずべきトラブルで、会社の評判は少し傷ついた。

＊hiccup　しゃっくり、一時的な中断・故障、小さな支障

plunge [plʌ́ndʒ]
突っ込む、飛び込む、〈値が〉急落する

例文 Bad management and poor investments caused its share price to plunge.
ひどい経営と下手な投資が、株価の急落を引き起こした。

- 類 **plummet** まっすぐに落ちる、急落する　図 おもり、急落
- 類 **sink** 沈む
- 類 **nose-dive** （飛行機が）急降下する、急落する
- 類 **descend** 下る、降りる

immerse [imə́ːrs]
〜を（完全に）浸す、沈める

be immersed in 〜に没頭する

例文 She was immersed in art from very early on.
彼女はとても小さいときから芸術に熱中していた。
＊ early on 早い時期[段階]に、早いうちに

- 類 **inundate** 〜を水浸しにする
- 類 **engulf** 〈波・火などが〉〜を飲み込む
- 類 **submerge** 〜を沈める（＝sink）、水浸しにする

dip [díp]
名 くぼみ、（一時的）下落

ちょっと浸す、（わずかに・一時的に）下がる

a double-dip recession 景気の底割れ、二番底

例文 Petrol prices could dip to near $3 a gallon.
ガソリン価格は1バレル3ドル近くまで下がるかもしれない。

defeat [difíːt]
名 敗北、負け

〈敵・相手などを〉負かす、〈計画・希望などを〉くつがえす、くじく

self-defeating 自滅的な

例文 Mr Walker defeated his opponent. ウォーカー氏は、対戦相手を負かした。

- 類 **beat** （続けざまに）打つ、打ち負かす
- 類 **outplay** （相手に）競技で勝つ

conquer [káŋkər]
～を征服する、克服する

例文 Inditex's main brand, Zara, has conquered Europe.
インディテックス社の主要ブランドであるザラがヨーロッパを席巻した。

名 **conquest** 征服、獲得
類 **vanquish** （戦争などで）征服する、～を打ち負かす

---

revere [rivíər]
崇拝する、尊敬する

India's most revered conglomerate インドで最も尊敬を集める複合企業

名 **reverence** 尊敬、崇敬
類 **worship** 崇拝(する)、礼拝(する)、拝む
類 **venerate** 尊敬する、崇拝する

---

lurch [lə́ːrtʃ]   **名** 突然の揺れ
急に傾く、よろめきながら進む

例文 Ailing companies lurch from one leader and rescue plan to another while their fortunes fade.
経営不振の会社は、資産を減らしながら、ある指導者と救済策から別へとよろめきながら進む。
＊fade （徐々に）薄れる、消えてゆく

---

wobble [wάbl]
ふらつく、よろよろする

例文 With the euro wobbling and emerging markets slowing, businesses are fearful.
ヨーロッパがぐらつき、新興国が失速する中、企業はおびえている。

形 **wobbly** ぐらぐらする、不安定な　a wobbly economy　不安定な経済
類 **stagger** よろめく、ふらつく
類 **lurch** 急に傾く、よろめく、よろめきながら進む
類 **reel** （ショックなどで）よろめく、よろよろ歩く
類 **sway** 揺れる、（揺れて）傾く

surpass [sərpǽs]
（量・程度・能力などで）～にまさる、～を越える

例文 The country's economy surpassed expectations.
その国の経済は予想を上回った。

類 **exceed** （数量・程度が）～を超える、～にまさる
類 **excel** （性質・技能などで）〈人・物〉よりすぐれている
類 **outdo** ～にまさる
類 **eclipse** ～に影を投げる、～を覆い隠す、～をしのぐ　名（太陽・月の）食
＊自分が前に出て相手を覆い隠す→（相手を）しのぐ、まさる

cripple [krípl]
～を不具にする、そこなう、だめにする

例文 Record labels have been crippled by digital distributors such as Apple's iTunes.
レコードレーベル（レコード会社）はアップルのiTunes社のようなデジタル配信会社によって打撃を受けてきた。

vex [véks]
～をいらだたせる

the frustrations of vexed American consumers　いらだった米国消費者の欲求不満

類 **annoy** ～をいらいらさせる、悩ます
類 **irritate** ～をいらいらさせる

afflict [əflíkt]
～を苦しめる、悩ます

例文 It's difficult to keep track of all the economic problems afflicting the euro zone.
ユーロ圏を苦しめる経済問題全てを把握しているのは困難だ。
＊ keep track of　～の跡を追う、見失わない

plague [pléig]
～を苦しめる、悩ます　　　名 疫病、ペスト、災難

many countries plagued by drug trafficking　麻薬密売で悩まされる多くの国

類 **pester** ～を（要求などで）しつこく悩ます、せがむ

haunt [hɔ́ːnt]
(悪い記憶が)付きまとう、しばしば行く、(幽霊が)出没する

例文 As teams become more and more pervasive in business, the free-rider problem haunts organisations.
仕事をチームで行うことが日常的になるにつれ、フリーライダー問題が組織に付きまとう。

*free rider フリーライダー、ただ乗りする人：自分の負担なしに利益だけを受ける人。自分の仕事をせずに高給だけもらう社員など。 pervasive 広がる、普及する

---

hail [héil]
～を歓呼して迎える、(～と呼んで)迎える(as)

hail a taxi タクシーを呼び止める

例文 The victory has been hailed as a new dawn for European politics.
その勝利は、欧州政治の新しい夜明けとして迎えられた。

Ghana's democracy was hailed as a "model for Africa".
ガーナの民主主義は「アフリカの手本」として歓迎された。

類 **acclaim** 〈人などを〉歓迎・賞賛する
類 **applaud** ～に拍手を送る、を賞賛する

---

praise [préiz]   名 ほめること、ほめ言葉
～をほめる、賞賛する

in praise of ～をほめたたえて

例文 He duly praised French industrial prowess and adaptability.
彼はフランスの工業技術と適応能力をしかるべくほめたたえた。

*duly 正当に、適切に   prowess すぐれた能力・技術

類 **commend** ～をほめる、賞賛する
類 **compliment** ～に賛辞を述べる   名 賛辞、ほめ言葉

---

endorse [indɔ́ːrs]
～を裏書きする、是認する、支持する、(有名人が)〈商品を〉保証宣伝する

例文 He was endorsed by most of the state's top Republican officials.
彼は、州の共和党幹部の大部分から推薦を受けた。

名 **endorsement** 是認、支持、(人物・商品の)保証、推薦広告

champion [tʃǽmpiən]
名 擁護者、推進派
〈主義などを〉擁護する、支持する

例文 Britain's coalition government enthusiastically champions digital growth.
英国の連立政権は熱心にデジタル産業の発展を支持する。
＊enthusiastically 熱狂的に、熱心に

類 **uphold** ～を支持する、維持する　uphold a ceasefire 停戦を支持する
類 **back** ～を支援する、支持する

espouse [ispáuz]
〈主義・説を〉支持する

例文 He has espoused crassly populist policies, promising to cancel the debts of farmers.
彼は大衆迎合主義をえげつなく支持し、農民の負債を帳消しにすると約束した。
＊crassly 愚かに、下品に、ひどく　cancel a debt 負債・借金を帳消しにする

grant [grǽnt]
名 許可、助成金
～を(願いを聞いて)与える、(要求などに)応ずる、同意する、授ける

granted (that)... 仮に…としても

例文 She was granted a civil protection order forbidding her husband to come within 200 metres of her.
夫が彼女の200メートル以内に近づくことを禁ずる市民保護命令が、彼女に認められた。
＊civil protection 市民保護　forbid ～を禁じる

類 **consent to** ～を同意・承諾する
類 **acknowledge** ～を認める

renounce [rináuns]
捨てる、(正式に)放棄・断念する

例文 I renounced my American citizenship. 私は米市民権を放棄した。

類 **abandon** ～を捨てる、断念する
類 **relinquish** ～捨てる、放棄する
類 **forgo** ～なしで済ませる(do without)、やめる
類 **do away with** ～を捨てる、廃止する

Part 3 動詞・句動詞

111

ditch [dítʃ] 名 溝
〜を捨てる、処分する、関係を断つ、溝を掘る

a last-ditch effort 最後の努力、土壇場の頑張り

例文 The radical left might try to ditch the constitution and rule by force.
左翼過激派は、憲法を捨てて武力によって統治しようとするかもしれない。

類 **discard** 〜を捨てる
類 **dispose of** 〜を捨てる、処分する
類 **dump** 〜をどさっと落とす、〜を捨てる

eradicate [irǽdəkèit]
〜を根絶[撲滅]する、なくす

例文 Cholera was eradicated in Cuba more than half a century ago.
キューバでは、コレラは半世紀以上前に撲滅された。

類 **eliminate** 〜を除く、削除する

provoke [prəvóuk]
〜を引き起こす、怒らせる、挑発する

例文 Reports of potential oil shortage provoked panic buying.
潜在的石油不足を示した報告書が、買いあさりを引き起こした。

thought-provoking 考えさせられる
類 **evoke** 〈記憶・感情などを〉呼び起す、〈物議・笑いなどを〉引き起す
類 **induce** 〜を引き起す、説いて〜させる
類 **prompt** 〜を刺激する、(〜するよう)促す(to do)
類 **elicit** 〈情報・反応などを〉引き出す

enrage [inréidʒ]
〜を怒らせる

例文 The authorities were already enraged by a book he wrote.
当局は彼が書いた本で既に怒っていた。

形 **enraged** 怒った
名 **rage** 激怒、憤怒、熱狂
類 **irk** 〜をいらいらさせる

- 類 **incense** 〜を激怒させる
- 類 **exasperate** 〜を怒らせる

---

burnish [bə́ːrniʃ]
〈金属などを〉磨く、〈イメージを〉よくする

burnish a reputation 評判をよくする

- 類 **polish** 〈靴・家具・ガラスなどを〉磨く、（文章などに）磨きをかける

---

unravel [ʌnrǽvəl]
〈もつれた糸を〉ほどく、〈難問などを〉解明する、〈計画などを〉だめにする、崩す

例文 Cops may be able to unravel an entire smuggling network.
警察は密輸網全体をつぶすことができるかもしれない。
 ＊entire 全体の、全部の

- 類 **untangle** 〈もつれた物を〉ほどく、〜を解決する
- 類 **unwind** 〈巻いたものを〉ほどく、解く、（人の）緊張をほぐす

---

disrupt [disrʌ́pt]
〈会議・交通・通信などを〉混乱・中断・途絶させる

例文 IPOs provide young firms with cash to hire new hands and disrupt established markets.
若い会社は新規株式公開(IPO)で、新しく人を雇い既存の市場を混乱させるための現金を手に入れる。
 ＊hand 人手、働き手

- 名 **disruption** 混乱、中断、途絶　railway disruption 列車の運行の乱れ
- 形 **disruptive** 分裂・崩壊させる

---

intimidate [intímədèit]
〜をこわがらせる、脅す

例文 The soldiers have been firing sporadically to intimidate residents.
兵士は住民を脅すため、時折発砲してきた。
 ＊sporadically 時折、散発的に

- 名 **intimidation** おどし
- 類 **frighten** 〜をぎょっとさせる、ぞっとさせる
- 類 **scare** 〜をおびえさせる、怖がらせる

Part 3　動詞・句動詞

loiter [lɔ́itər]
（当てもなく）ぶらぶら歩く、うろつく、立ち止まる

> **例文** On match days, young men loiter outside pricey cafés to watch cricket through the windows.
> 対戦のある日は、若い男性たちが窓からクリケット試合を見ようと高級カフェの外をうろつく。

- 類 **linger** （去りがたくて）ぐずぐずする、いつまでも残る
- 類 **dawdle** ぶらぶら[ぐずぐず]する、のろのろ動く
- 類 **hang around [about]** うろつく、ぶらつく、〜の付近にたむろする

reveal [riví:l]
〜を明らかにする、暴く、暴露する、漏らす

> **例文** The nature of this cunning plan was not revealed.
> この狡猾な計画の本質は明らかにされなかった。
> ＊cunning 悪賢い、ずるい、巧妙な

- 類 **disclose** 〈秘密などを〉暴く、公開する
- 類 **divulge** 〈秘密などを〉漏らす、暴露する
- 類 **unveil** 〜のベールを取る、明らかにする、公にする
- 類 **unearth** 〜を掘り出す、明るみに出す、暴く

conceal [kənsí:l]
〜を隠す

> **例文** Scholars of Shia Islam may justly conceal their identity in the face of imminent danger.
> シーア派の学者たちは、差し迫った危険を前に、当然ながら素性を隠すかもしれない。
> ＊Shia Islam （イスラム教）シーア派（= Shiah）　justly 正しく、当然のことながら

- 類 **hide** 〜を隠す、隠れる
- 類 **camouflage** カムフラージュ・偽装する、ごまかす、隠す
- 類 **disguise** 〜を変装させる、隠す、偽る　図 変装　**in disguise** 変装して

outweigh [àutwéi]
（価値・重要性などで）〜にまさる、〜より重い

> **例文** The economic benefits of the Olympic Games will greatly outweigh their costs.
> オリンピックの経済的利益は、その費用をはるかに上回る。

- 類 **override** 〜を踏みつぶす、〜に優先する、〈決定などを〉くつがえす
- 類 **tip the scales** 天秤の片方を重くする、優勢となる

solicit [səlísit]

〈援助・金銭などを〉請い求める、懇願する

- 例文 Crowdfunding includes several ways of soliciting funds.
  クラウドファンディングには、資金を募る方法がいくつかある。

- 類 **ask for** 〜を請う、求める
- 類 **beg** 〜を請う、懇願する

circumvent [sə̀ːrkəmvént]

〜を巧みに免れる、〈問題・規制などを〉回避する

- 例文 In most cities, it is ever easier to circumvent the rules.
  多くの都市では、規則を回避するのはいつになく簡単だ。

- 類 **evade** 〜を(巧みに)逃れる、避ける
- 類 **bypass** 〜を迂回する、回避する　名 バイパス、迂回路
- 類 **sidestep** 〜を(横へ一歩寄って)避ける
- 類 **dodge** 〜を(素早く身をかわして)よける、避ける

dub [dʌb]

〜にあだ名を付ける、〜と呼ぶ

- 例文 Such power to affect the whole universe has led some to dub the Higgs "the God particle".
  そのような宇宙全体に影響を与える力があるので、ヒッグス粒子を「神の粒子」と呼ぶ人もいる。

- 類 **label** ラベル(を貼る)、〜にレッテルを貼る
- 類 **entitle** 〜に名称を与える、〈本などを〉〜と題する、権利[資格]を与える

stipulate [stípjulèit]

(契約書・条項などが)規定する、明記する

- 例文 The Buffett rule stipulates that households earning over $1m a year would face a minimum total tax rate of 30% of income.
  バフェット(氏が提唱する)ルールは、年間収入が百万ドルを超える世帯は所得の30％以上の税金を払うと規定する。

- 類 **specify** 〜を明示・明記する、具体的に述べる

condemn [kəndém]
〜を非難する

例文 They were in London last month to condemn the "bloody Islamist regimes" taking part in the Olympics.
オリンピックに参加する"血に染まったイスラム政権"を非難するために、彼らは先月ロンドンにいた。

類 denounce 〜を公然と非難する
類 decry 〜を公然と非難する、けなす
類 vilify 〜を悪く言う、けなす
類 critique 〜を論評[批評]する **名** 批評、評論

---

reprimand [réprəmænd]   **名** 叱責、懲戒
〜を叱責する

例文 Much of the talk will be about mechanisms for reprimanding spendthrift governments.
(EU会議での)話題のほとんどは、金使いの荒い政府を厳重注意する方法についてであろう。
＊spendthrift 金使いの荒い

類 admonish (of) 〜に忠告する、警告する、〜の注意を促す
類 rebuke 〜を強く非難する、叱る
類 upbraid 〜をひどく叱る、非難する

---

flout [fláut]   **名** 軽蔑、あざけり
(規則などをわざと)破る、ばかにして従わない

例文 The Iranian fleet has been flouting safety rules
そのイタリアの船団は安全規則を軽視して従わなかった。

類 defy 〜を無視する、公然と反抗する

---

mock [mák]   **形** にせの
〜をあざける、ばかにする、からかってまねる

例文 Mr Sendak mocks people who sentimentalise childhood.
センダック氏は、幼少時代をセンチメンタルに見る人をあざける。
＊sentimentalise 感傷的に見る

類 scorn 〜を軽蔑する、さげすむ
類 scoff at 〜をあざ笑う

- 類 **deride** 〜をあざける、あざ笑う
- 類 **ridicule** 〜を嘲笑する、あざける
- 類 **taunt** 〜をあざける、侮辱的にからかう

exaggerate [iɡzǽdʒərèit]
〜を誇張する、大げさに言う

> 例文 He argues that government pronouncements on the dangers of illegal drugs are exaggerated.
> 違法薬物の危険についての政府の発表は誇張されていると彼は主張する。
> ＊pronouncement 公告、宣言、(意見の)表明

- 類 **overstate** 〜を大げさに言う、誇張する
- 類 **embellish** 〜を装飾する、〈話・物語などを〉潤色[粉飾]する

exonerate [iɡzánərèit]
〜の容疑を晴らす、(非難・義務などから)解放する

> 例文 Five people on death rows were exonerated.
> 死刑囚5人の無実の罪が晴れた。
> ＊death row (一並びの)死刑囚監房

- 類 **vindicate** 〜の非難を晴らす、正しいことを立証する
- 類 **absolve** 〜を(義務・責任から)解放する、無罪を言い渡す
- 類 **acquit** 〜に無罪を宣告する

gauge [ɡéidʒ]   名 尺度、基準
〜を(計器で)計る、〈価値などを〉評価・判断する

> 例文 Gazprom has to gauge ever more carefully how much it can charge its European customers.
> ガスプロム(ロシア政府系天然ガス会社)は、欧州顧客向け価格をいくらにするか今までになく注意深く判断しなければならない。

- 類 **measure** 〈寸法・大きなどを〉測る、評価する
- 類 **calculate** 〜を計算する
- 類 **assess** 〜を評価する、査定する
- 類 **evaluate** 〜を評価する

loathe [lóuð]
〜をひどく嫌う

例文 Small jets are often flown by Delta's regional affiliates—a fact the Delta's pilots union loathes.
小型ジェットは大抵、デルタ社の地域関連会社のパイロットが操縦する。デルタ社パイロット組合が嫌悪する事実だ。
＊fly〈飛行機などを〉操縦する

- 類 **hate** 〜をひどく嫌う、憎む
- 類 **detest** 〜をひどく嫌う、憎む(hateより強い)
- 類 **abhor** 〜を忌み嫌う、憎悪する
- 類 **abominate** 〜を嫌悪する、忌み嫌う

succumb [səkʌ́m]
〜に負ける、屈する(to)

例文 As Britain's proposed high-speed rail link demonstrates, leaders too often succumb to the lure of the grand idea.
英国高速鉄道網案が示すように、リーダーたちは壮大な構想の魅力に屈することが多すぎる。
＊lure 誘惑する物、魅惑、(釣の)擬似餌　grand 壮大な、雄大な、豪勢な

- 類 **yield to** 〜に屈服する、従う、(誘惑などに)負ける
- 類 **submit to** 〜に服従する、従う
- 類 **surrender** 降伏する、降参する、〈砦などを〉引き渡す
- 類 **capitulate** (協定した条件で)〜に降伏[屈服]する
- 類 **give in** 降参する、屈する、従う

astonish [əstɑ́nɪʃ]
〜を驚かす、びっくりさせる

例文 Visitors were astonished by the works of artists many had never heard of or seen.
来場者は、多くの人が聞いたことも見たこともない芸術家たちの作品に驚いた。

- 類 **amaze** 〜をびっくりさせる
- 類 **astound** 〜をびっくり仰天させる
- 類 **stun** 〜を気絶させる、唖然とさせる
- 類 **dumbfound** 〜を唖然とさせる
- 類 **take aback** 〜を非常に驚かす、当惑させる
- 類 **startle** 〜をびっくりさせる

baffle [bǽfl]
～をまごつかせる、当惑させる、くじく

> 例文 The verdict has baffled many Chileans.
> その評決は多くのチリ人を当惑させた。

- 類 **perplex** ～を当惑させる、まごつかせる
- 類 **bewilder** ～を当惑させる

offset [ɔ́ːfsèt]
～を相殺する、埋め合せる

> 例文 Even a fierce drought that has badly damaged the state's corn crops has been offset by federally-subsidised crop insurance held by many farmers.
> 州のトウモロコシ作物に大きな被害を与えたひどい干ばつでも、多くの農家が加入する連邦政府から補助金を受けた作物保険で相殺された。
>
> ＊fierce 獰猛な、激しい、すさまじい

- 類 **counterbalance** ～とつり合わせる、埋め合わせをする、相殺する
- 類 **cancel out** ～を相殺する、埋め合せる、（逆の効果で）打ち消す
- 類 **neutralise** ～を中立化する、効力を消す
- 類 **nullify** ～を法的に無効にする、無にする

torment [tɔ́ːrmént]
～を苦しめる

名 （肉体的・精神的な）苦痛、苦悩

> 例文 He is tormented by a recurring nightmare in which he is being hunted by Aztec warriors.
> アステカ族の兵士に追われるという繰り返し見る悪夢に、彼は苦しめられている。

- 類 **anguish** （心身の）激しい苦痛　動 ～を苦しめる、苦悶する
- 類 **excruciate** ～をひどく苦しめる、苦痛を与える
- 類 **torment** ～をひどく苦しめる　名 苦痛
- 類 **torture** ～を拷問にかける、ひどく苦しめる　名 責め苦、拷問
- 類 **agonise** 苦しむ、苦しめる

endure [indjúər]
（苦痛・不安・困難などに）耐える、我慢する

- 例文 Despite even the rapid expansion of the past 20 years, India still endures high rates of poverty.
  過去20年で急速に発展したが、インドはまだ高い貧困率に耐えている。

- 類 **tolerate** 〜を許容する、〜に耐える
- 類 **withstand** 〜によく耐える、持ちこたえる

dwindle [dwíndl]
だんだん小さくなる、次第に減少する

- 例文 Dozens of flashpoints had dwindled to just a few.
  数十あった紛争の火種がほんの少しに減った。
  * flashpoint 引火点、発火点、一触即発の状況［地域］

- 類 **diminish** 〜を減らす、小さくする、減少する
- 類 **ebb** 衰える、弱まる　名 引き潮、減退
- 類 **wane** 徐々に弱くなる、衰える、（月が）欠ける（⟷ wax （月が）満ちる、大きくなる）

tout [táut]
〜をうるさく勧誘する、（〜だと）ほめちぎる・売り込む（as）

- 例文 Google has been touting a digital wallet of its own.
  グーグルは独自のデジタルウォレット（決済サービス）を売り込んでいる。

- 類 **peddle** 売り歩く

brag [brǽg]   名 自慢
自慢する

- 例文 He bragged about taking bribes, which sounded bad.
  彼は賄賂の受け取りを自慢したが、それは聞こえの悪いことだった。

- 類 **boast** 自慢する

flee [flíː]
（人・場所から）逃げ去る、逃げる

*過去（分詞）は fled。

- 例文 Mr Berezovsky fell out with President Vladimir Putin and fled Russia.

ベレツフスキー氏はウラジミール・プーチン大統領と不仲になり、ロシアを去った。
* fell out with (人)と仲たがいする

taint [téint]
名 汚れ、汚点、腐敗
〜を(悪などで)染める、〈空気・水などを〉汚染する

politically-tainted prosecutors 政治的に腐敗した検察官

類 **spoil** 〜を台なしにする、だめにする
類 **corrupt** 〜を堕落させる、(賄賂で)買収する、堕落する
類 **contaminate** 〜を汚す、(化学・物質などで)汚染する

reckon [rékən]
(〜だと)考える、思う(that)、判断する、数え上げる

例文 The thefts are reckoned to deprive the company of more than $1 billion per year.
その会社は、窃盗で毎年10億ドル以上が奪われているとされる。
* deprive A of B AからBを奪う

類 **assume** 〜を想定する、考える

fragment [frǽgmənt]
名 破片
ばらばらにする[なる]

例文 Supervisory responsibilities were too fragmented.
監督責任はあまりに小さく分断されていた。
* supervisory 監督[管理]の

類 **crumble** ぼろぼろに崩れる、砕ける
類 **disintegrate** 崩壊する[させる]

plateau [plætóu]
名 台地
水平状態になる、安定水準に達する、頭打ちになる

例文 A tenet of political science is that happiness levels rise with wealth and then plateau, usually when a country's national income per head reaches around $25,000 a year.
政治学の原則では、幸せのレベルは富と共に上がり、そして横ばいになるが、通常それは国の1人当たりの国民所得が年間約2万5千ドルに達したときだ。
* tenet 主義、教義、信条 political science 政治学

類 **level off** 横ばいになる(= level out)

fluctuate [flʌ́ktʃuèit]
変動する、上下する

例文 Mr Coates finds that cortisol levels in traders' bodies fluctuate in line with market volatility.
Coates氏は、トレーダーのコルチゾールレベル値(ストレスホルモン)は市場の変動に沿って上下すると気付いている。

＊in line with 〜と一致[合致]して　volatility 変わりやすさ、不安定さ

tweak [twíːk]
〜をつまんでぐいと引っ張る、微調整(して機能を改善)する

例文 Samsung and other firms are likely to tweak the design of their devices to avoid further legal bombshells in America.
サムスンなどの会社は、米国での更なる爆弾級の訴訟を避けるため自社製品のデザインを微調整しそうだ。

＊bombshell 衝撃を与えるもの[人]、爆弾

falter [fɔ́ːltər]
つまずく、よろめく、たじろぐ、活気をなくす

例文 New coal-fired stations may look attractive now, but could falter if charges for carbon emissions go higher.
新しい石炭火力発電所は今は魅力的もしれないが、二酸化炭素排出にかかる料金が高くなれば衰退するだろう。

類 **stumble** つまずく、よろめく

hobble [hɑ́bl]
よたよた歩く[歩かせる]、〈計画などを〉妨げる

例文 Bad regulations can hobble economies, but clever ones can create new markets.
悪い規制は経済の妨げとなるが、優れた規制は新しい市場を作り出す。

loom [lúːm]
不気味に現れる、(悪い事が)迫る

例文 Stressful negotiations are looming with some euro-zone finance ministers.
ユーロ圏の何人かの財務大臣との、ストレスの多い交渉が迫っている。

kowtow [káutáu]
(〜に)へつらう、卑屈に追従する(to)　＊中国語の「叩頭」より

> 例文 He started off on a negative note, by criticising Mr Obama for kowtowing to China, betraying Israel, and so on.
> 彼(=Mitt Romney)は否定的な調子で話を始めた。中国への追従、イスラエルへの裏切りなど、オバマ氏を非難したのだ。
>
> ＊on a negative note　否定的な調子で

類 **prostrate oneself**　ひれ伏す
類 **curry favour with**　(人の)ご機嫌を取る
類 **flatter**　おおげさにほめる、お世辞を言う

calm down
〜を落ち着かせる、落ち着く

形 穏やかな
名 静けさ、平穏

> **calm things down**　事態を落ち着かせる

wind up
結局(〜と)なる(in、with、(by)doing)、やめる、けりをつける

＊wind「巻く」　発音注意 [wáind]

> **wind up paying higher prices**　結局高い値段を払うことになる

類 **end up with**　〜で終わる

wind down
(時計のぜんまいが)ゆるんで止まる、だんだん弱まる、(人が)緊張をほぐす

> 例文 Yesterday's protest was winding down.　昨日の抗議行動は徐々に収束した。

類 **peter out**　次第に減少してなくなる、疲れはてる
類 **taper off**　次第に消滅する
類 **fade away**　(薄れて)消失する

phase out
〜を段階的に停止・廃止する、徐々に削減していく

> 例文 Austria opposes all nuclear power and Germany has pledged to phase it out by 2022.
> オーストリアは全ての原子力に反対し、ドイツは2022年までに段階的に廃止すると公約した。

名 **phase-out**　段階的廃止

engage in
〜に従事する、携わる

例文 It is not unusual for Nigerian politicians to engage in business.
ナイジェリアの政治家がビジネスをすることは珍しいことではない。

類 **participate in** 〜に参加・関与する
類 **take part in** 〜に参加する
類 **be associated with** 〜と関係がある

flirt with
〈考えを〉もてあそぶ、面白半分に手を出す、（男女が）いちゃつく

例文 The European Commission is flirting dangerously with protectionism.
欧州委員会は危険なほどに保護貿易主義をもてあそんでいる。

translate into
〜を引き起こす、翻訳する

例文 Faster economic growth and falling tax evasion have translated into steadily rising revenues.
急速な経済成長と脱税の減少で着実に歳入が増えた。

stamp out
〈病気・犯罪などを〉撲滅する、〈火などを〉足で踏み消す

例文 Bribery is hard to stamp out. 賄賂を根絶するのは難しい。

rein in
〜を抑制する

＊手綱を引いて馬を止める。

rein in the deficit 財政赤字を抑える

lag behind
〜に遅れをとる

例文 India's performance lagged behind China's.
インドの業績は中国に後れをとった。

bear out
（事実・情報などが）〈仮説・言葉などを〉裏付ける、実証する、支持する

> **例文** Several studies bear out his views.
> 複数の研究が彼の見解が正しいことを裏付ける。

rule out
〜の可能性を排除する、除外する、あり得ないとする

> **例文** He did firmly rule out the idea of boosting the rescue funds.
> 彼は救済資金を増やすという考えを断固として認めなかった。
>
> ＊firmly 堅固に、断固として

weigh on
〜に重くのしかかる

> **例文** More months of uncertainty about the euro area will weigh on the global economy.
> ユーロ圏に対する不安が更に数か月続くと、世界経済を圧迫するだろう。
>
> ＊uncertainty 不確実性

weigh in
口をはさむ、〜に参加する(on)

> **例文** Advising politicians to stop weighing in on these issues is as futile as telling grass to stop being green.
> 政治家にこれらの問題に口をはさまないよう忠告するのは、草に緑になるなと言うくらい無駄だ。
>
> ＊futile むだな

chalk up
〈得点・勝利などを〉得る、〜のせいにする

＊「チョークで書く」ことから。

> **例文** Mr Hollande chalked up 28.6% of the vote.
> オランド氏は28.6%の票を得た。
>
> They chalk it up to "cultural differences".
> 彼らはそれを「文化の違い」のせいにする。

harp on
〜を繰り返しくどくど言う(about)

> **例文** Mr Obama has been harping on about raising taxes on the rich since his first election campaign.
> オバマ氏は最初の選挙キャンペーンから富裕層に対する増税を繰り返し述べてきた。

cut loose
〜を解放する、切り離す、関係を断つ

例文 When PRI allies have been accused of corruption, Mr Peña has quickly cut them loose.
PRI（メキシコの制度的革命党）の仲間が汚職で告発されたとき、Peña氏はすぐに彼らと手を切った。

take heart
〜で元気を出す（from）

例文 If that prediction is unwelcome, take heart from the 9.3% fall in agricultural prices in May.
あの予測がうれしくないなら、5月に農産物の価格が9.3%下がることで元気を出してください。

＊prediction 予報、予言、予測

bottom out
（値段・相場などが）底を打つ

例文 The housing markets have bottomed out as cash-rich investors snap up properties that are bargains compared with equivalent rental ones.
資金力のある投資家が同等の貸家と比べて買い得な不動産を先を争って買うので、住宅市場は底を打った。

＊snap up すばやくつかむ、先を争って買う　property 財産、資産、所有物
　bargain 買い得品、掘り出し物

teem with
〜でいっぱいである

例文 Tokyo teems with English speakers and signs in Chinese.
東京は英語を話す人々と中国語の標示でいっぱいだ。

類 **be replete with** 〜で満ちている、豊富だ
類 **be rife with** （悪いもので）いっぱいである

water down
水で薄める、効力を弱める、骨抜きにする

例文 Some of his reforms have been watered down.
彼が行った改革のいくつかは、骨抜きにされた。

形 **watered-down** 効力を弱めた、骨抜きにした、水で薄めた
類 **dilute** （水などで）薄める、効果を弱める

重要語彙［一般］

名詞

venue [vénjuː]
（競技・会議などの）開催地、（行為・事件の）現場

> **Olympic venues** オリンピック会場

backdrop [bǽkdrɑ̀p]
背景幕、（事件などの）背景（= background）

> **against a backdrop of rising unemployment** 失業者の増加を背景にして

entrepreneur [ɑ̀ːntrəprənə́ːr]
起業家

> **social entrepreneur** 社会起業家
>
> ＊社会問題を事業で解決する人。貧しい人々への小口金融サービスであるマイクロクレジットの創始者モハマド・ユヌス氏など。

stakeholder [stéikhòuldər]
出資者、利害関係者

> 例文 The nature of business, especially at a senior level, often means reconciling the needs and expectations of different stakeholders.
> ビジネスというのは多くの場合、特に上級職では、様々な利害関係者のニーズと期待に折り合いをつけることだ。

euphoria [juːfɔ́ːriə]
多幸感

> 例文 The euphoria is tinged with danger. その幸福感には危険の気味がある。
> ＊be tinged with 〜の色合いを帯びる

> 形 **euphoric** 幸福感にあふれた　be in a euphoric mood 幸福あふれる気分で
> 類 **elation** 意気揚々、喜び
> 類 **exultation** 歓喜

Part 3 名詞

127

downside [dáunsàid]
悪い面、欠点

例文 The upside of growing individualism has vastly outweighed the downside.
広がる個人主義の良い面は、悪い面を大きく上回る。
＊vastly 大いに、非常に

反 **upside** 良い面
類 **drawback** 欠点、不利な点、障害
類 **nuisance** 害、迷惑な行為、不快 [厄介] な人・物

spike [spáik]
（物価などの）急騰、（折れ線グラフで）上に山形に折れた部分、大くぎ

the food-price spikes 食物価格の高騰

類 **uptick** （景気・需要・供給などの）増大、上向き
the uptick in recent immigrants 近年の移民の増加
類 **upswing** （経済の）上向き、上方への振れ、急激上昇

surge [sə́:rdʒ]
大波、高まり、急増 (in)

a surge in exports 輸出の急増

類 **swell** 膨張、ふくらみ、増加　**動** ふくらむ
類 **groundswell** 大波、（世論などの）高まり　a groundswell of public demand for her candidacy 彼女の立候補を求める世論の高まり

advocate [ǽdvəkat]
動 〜を支持・主張する

（主義などの）支持者、主張者

an eloquent advocate of reform 改革の雄弁な支持者
＊eloquent 雄弁な、（演説などが）感銘を与える

名 **advocacy** 弁護、支持、擁護　an advocacy group 擁護団体、支持団体
類 **proponent** 提案者、擁護者、支持者（⟷opponent 反対者、敵）
類 **adherent** 支持者、信奉者

protagonist [proutǽgənist]
主唱者、擁護者、リーダー、（劇などの）主役、主人公

- 例文 Santiago Carrillo is a communist leader at the time and the only war protagonist alive today.
  Santiago Carrillo氏は、当時の共産主義指導者であり唯一の存命する戦争肯定派だ。

- 反 **antagonist** 敵対者、（劇などの）主役の対立役

firebrand [fáiərbrænd]
たいまつ火つけ役、扇動者

- a revolutionary firebrand 革命の扇動者

- 類 **agitator** 扇動者、（政治上の）運動家
- 類 **instigator** 扇動者

pillar [pílər]
支柱、中心となる物・人

- 例文 The strategy rested on three pillars.
  その戦略には3つの柱がある。
  * rest on 〜に基礎を置く

foe [fóu]
敵、かたき、（競技などの）相手

- a formidable foe 恐るべき敵、手ごわい相手
- political allies and foes 政治上の味方と敵

- 類 **adversary** 敵、反対者（⟷ally 支持者、味方、同盟国）
- 類 **opponent** 対抗者、敵対者、反対者

archrival [à:rtʃráivəl]
一番のライバル、最大の競争相手

- 例文 IBM's market capitalisation almost matches that of Microsoft, its archrival for many years.
  IBM社の時価総額は、何年にもわたって最大のライバルであるマイクロソフト社とほぼ対等だ。
  * market capitalisation 時価総額

- 類 **match** 〜に匹敵する、対等である

rally [rǽli]
集会

動 （人などが）集まる・集める、回復する、持ち直す

hold a political rally 政治集会を開く
rally support 支持を集める

例文 Equity markets are rallying again. 株式市場は再び持ち直している。

類 **gathering** 会合、集会、集まり
類 **assembly** （ある目的のための）集会、会合、集まり
類 **convention** 代表者会議、大会、集会

flaw [flɔ́ː]
傷、ひび、欠点、欠陥

動 ひび入らせる、だいなしにする

例文 He became irritated by an obvious flaw in airport procedures used by TSA screeners.
運輸保安局の検査官が空港で行う検査手順に明らかな欠陥があったので彼は苛立った。
＊TSA screener 〈米〉運輸保安局の検査官

類 **defect** 欠点、欠陥、短所、弱点
類 **fault** 誤り、過失、欠点、短所
類 **blemish** 欠点、汚点、汚れ、しみ
類 **malfunction** （機械などの）不調、（器官などの）機能不全

snag [snǽg]
（思わぬ）障害、困難、（折れたあとに残った）枝株

hit a snag 思わぬ困難にぶつかる

例文 The snag is that children fib about their age.
思わぬ障害は、子供たちが自分の年齢をごまかすことだ。
＊fib ささいなうそをつく、ごまかしを言う

類 **obstacle** 障害（物）、じゃま（物）
類 **hitch** 引っかかり、障害、中断 without a hitch 滞りなく
類 **impediment** 障害、妨害（物）
類 **stumbling block** つまずきの石、障害（物）
類 **bottleneck** 瓶の首、狭くなっている道、（生産などの）障害

scheme [skíːm]
計画、構想、陰謀　＊plan より堅い語

private pension schemes 個人年金計画

例文 America is the rare Western country without a universal insurance scheme.
米国は国民皆保険計画のない珍しい欧米の国です。

類 **tactic** 方策、手段
類 **ploy** 策略、駆け引き、作戦
類 **plot** 陰謀、たくらみ、（小説などの）筋
類 **gambit** チェスの開戦の手、（優位に立つための）策略、口火となる言葉（＝an opening gambit）

viability [vàiəbíləti]
生存能力、実行可能性

例文 The financial crisis has led some people to question the viability of America's economic system.
金融危機で、米国経済システムの実行可能性に疑問を持った人もいる。

類 **feasibility** 実現可能性

hypothesis [haipáθəsis]
仮説、前提、仮定

hypothesis testing 仮説検証

類 **assumption** 想定、前提、推定
類 **postulate** 仮定　動 ～を仮定する、前提とする
類 **premise** 前提、仮定　on the premise of ～を前提として

schism [sízm]
（団体の）分裂、分離

Sunni-Shia schism （イスラム教）スンニ派とシーア派の分裂

transparency [trænspéərənsi]
透明（性）

corporate transparency 企業の透明性

decree [dikríː]
法令、判決、命令

a presidential decree 大統領命令

- 類 **edict** 布告、勅令、命令
- 類 **command** 命令、指揮
- 類 **ordinance** 法令、布告、（市町村の）条例

stalemate [stéilmèit]
行き詰まり、（チェスの）ステイルメイト

- 類 **deadlock** （交渉などの）行き詰り
- 類 **standstill** 停止、行き詰まり
- 類 **impasse** 行き詰まり、袋小路
- 類 **dead end** （道などの）行き止まり、袋小路、行き詰り

blunder [blʌ́ndər]　　動 失敗・へまをする
（ばかな・不注意な）間違い

例文 He made several blunders during his stint as leader.
彼は指導者としての任期中、いくつか間違いを犯した。
＊stint 割り当てられた仕事、仕事の期間

- 類 **faux pas** 失言、非礼
- 類 **gaffe** （社交上の）失敗、へま
- 類 **botch** へたな仕事[継ぎ当て] 動 やり損なう、へたに修繕する
- 類 **bungle** 不器用、へま 動 不器用にやる、へまをやる

spat [spǽt]
小競り合い、口げんか、口論

例文 America, India and China are embroiled in a spat over steel.
米国とインド、中国は、鉄鋼をめぐり小競り合いをしている。
＊embroil ～を（争い・口論などに）巻き込む

- 類 **quarrel** 口論、口げんか、いさかい
- 類 **squabble** つまらないことでの口げんか
- 類 **bickering** 口論 動 bicker （つまらないことで）口論する、言い争う
- 類 **wrangling** 口論、論争 動 wrangle 口論する、論争する

feud [fjú:d]

動 反目する、争う

（長期にわたる）確執、反目、争い

the feud between villagers 村民同士の確執

- 類 **quarrel** 口論、口げんか
- 類 **row** 騒々しい口論、騒ぎ ＊発音注意 [ráu]
- 類 **vendetta** 血の復讐（＝blood feud）、代々のかたき討ち、長期の根深い争い

animosity [æ̀nəmɑ́səti]

憎しみ、敵意、憎悪

ethnic and tribal animosity 民族や部族間の敵意
＊ethnic 民族の　tribal 部族の

- 類 **enmity** 敵意、憎しみ、反目
- 類 **hostility** 敵意
- 類 **antipathy** 反感、嫌悪
- 類 **hatred** 憎しみ、憎悪
- 類 **resentment** 憤り、敵意

woe [wóu]

悲哀、悲痛、苦悩、苦痛（の種）、災難

the woes of American housing markets アメリカ住宅市場の苦境

- 形 **woeful** 悲惨な、痛ましい
- 類 **agony** （肉体的・精神的な）苦痛
- 類 **misery** 惨めさ、悲惨さ
- 類 **sorrow** 悲しみ、悲哀
- 類 **grief** 深い悲しみ、悲嘆

retaliation [ritæliéiʃən]
仕返し、報復

in retaliation for 〜の報復に

例文 The cycle of ethnic retaliation worsened.
民族間での報復の悪循環がひどくなった。

動 **retaliate** 〜に仕返しをする、報復する
類 **revenge** 復讐、報復　動 復讐する
類 **reprisal** 報復、仕返し
類 **retribution** （当然の）報い、報復

fury [fjúəri]
激怒

例文 Growing corruption is causing fury.　広がる汚職が激しい怒りを引き起こしている。

名 **frenzy** 逆上、取り乱し、熱狂
類 **wrath** 激怒、憤怒、復讐
　the grapes of wrath 怒りのブドウ（神の怒りの象徴）　the wrath of God 神の怒り

steam [stí:m]
蒸気、力、精力、元気

gather [pick up] steam 勢いを増す
lose steam 勢いが衰える
run out of steam 活力[気力]を失う
let off steam 余分な蒸気を逃がす、ストレスを発散する

例文 China's love affair with fast trains is gathering steam again.
高速列車に夢中になる中国が勢いを増している。
　＊ love affair 恋愛、熱中

bias [báiəs]　　　　　　　　　　　動 （意見・判断を）片寄らせる
先入観、偏見

＊否定的ならagainst、肯定的ならfor、in favor of、toward(s)が続く。

例文 They have a bias towards social liberalism.
彼らは社会自由主義に好意的だ。

類 **prejudice** （根拠のない）偏見、先入観
類 **inclination** 傾向、好み、傾き

- 類 **preconception** 予断、先入観、偏見
- 類 **predisposition** （〜しやすい）性質、傾向

humiliation [hjuːmiliéiʃən]
恥をかかせる[かかされる]こと、屈辱

- 類 **shame** 恥ずかしさ
- 類 **embarrassment** 当惑、困惑、きまり悪さ
- 類 **disgrace** 不名誉、恥
- 類 **dishonour** 不名誉、恥

endgame [éndgèim]
最終段階、大詰め、（チェスの）終盤

例文 Few have ever thought that the endgame would be a bloody assault on Tripoli.
（リビア内戦の）最終段階が、首都トリポリでの血に染まった攻撃になるとはほとんど誰も思ったことがない。

repercussion [rèpərkʌ́ʃən]
（好ましくない間接的な）影響、反響、反動、波紋

例文 Speculation on the possible repercussions of such a military operation made the rounds.
そのような軍事活動により起こりうる反動についての憶測が広がった。
＊speculation 推測、憶測　make the rounds （場所を）巡回する、（うわさなどが）広がる

- 類 **backlash** 急激な逆回転、激しい反動、反発、巻き返し

ramification [ræməfikéiʃən]
分岐、（派生して起こる）結果、副次的影響

例文 What are the ramifications of drone attacks in Somalia?
ソマリアでの無人偵察機による攻撃が与える影響はどうか。

- 類 **consequence** 結果、成り行き
- 類 **upshot** 結果、結末
- 類 **outcome** 結果（として生じた事態）、成り行き
- 類 **implications** （予想される）結果・影響、含み

例文 Any system failure could have serious implications.
どんなシステム障害も重大な影響がありうる。

revelation [rèvəléiʃən]
意外な新事実、暴露、啓示

> 例文 There is the possibility that a late October "surprise" —even something as small as, say, the revelation in 2000 that George Bush had been arrested for drink-driving—could swing enough voters to determine the outcome.
> 10月後半に"サプライズ"が出る可能性がある。それが、2000年に発覚したジョージ・ブッシュの飲酒運転で逮捕歴程度のささいなことであっても、(選挙の)結果を決定づけるに十分な数の有権者を動かしうるのだ。
>
> ＊drink-driving 飲酒運転

crackdown [krǽkdàun]
厳しい取締り、弾圧、(警察の)手入れ (on)

> 例文 There has been a recent crackdown on the corrupt nexus between developers and officials.
> 開発業者と役人の腐敗した関係に対する取締りが、最近行われた。
>
> ＊corrupt (道徳的に)堕落した、賄賂の　nexus 結びつき、関係

- 類 **clampdown** 締めつけ、弾圧
- 類 **repression** 抑圧、弾圧、抑制
- 類 **suppression** 鎮圧・抑圧、抑制

outlook [áutlùk]
眺め、展望、(物事の)見通し、見解

> 例文 Many businesses are anxious about the economic outlook.
> 多くの企業が経済の先行きを不安に思っている。

- 類 **prospect** 見込み、可能性、見通し
- 類 **perspective** 遠近(画)法、見方、観点
- 類 **frame of mind** 感じ方、気持、考え方
- 類 **point of view** 観点、見地、考え(方)

reservations [rèzəːrvéiʃənz]
不安、留保、予約

> 例文 He hates being criticised, but has few reservations about criticising others.
> 彼は批判されるのは嫌だが、他人を批判するのにためらいはほぼない。

- 類 **misgivings** 不安、疑念

- 類 **apprehension** 懸念、心配
- 類 **anxiety** 心配、不安
- 類 **uneasiness** 不安(な気持)、心配
- 類 **trepidation** おののき、恐怖、不安、狼狽

intervention [ìntərvénʃən]
介入、内政干渉、仲裁

> 例文 Why don't we abolish all intervention in the form of subsidy and use selective taxation instead?
> 助成金という形での介入は全て廃止し、代わりに選択的な課税にしてはどうだろう。

- 動 **intervene (in)** (~に)介入する、仲裁する
- 類 **mediation** 調停、仲裁
- 類 **interference** じゃま、妨害、干渉

criteria [kraitíəriə]
(判断・評価の)基準、尺度

＊criterionの複数形

> 例文 The rankings are based on criteria such as availability of capital, flexibility of labour markets, economic stability, infrastructure and public services.
> このランキングは、資本金の借りやすさ、労働市場の柔軟さ、経済の安定、インフラ、公共サービスといった基準に基づく。

- 類 **yardstick** (判断・比較などの)基準、尺度
- 類 **touchstone** 試金石、基準、標準

clash [klǽʃ]
動 ぶつかる

ガチャンとぶつかる音、対立、争い

> 例文 Our correspondents discuss a looming clash between governments and their unionised workers.
> 当社特派員が、政府と組合労働者の間に迫り来る対立について話し合う。
> ＊looming ぼんやり現れる、不気味に迫りくる　unionised 労働組合化された

- 類 **collision** 衝突
- 類 **crash** (壊れる際などの)大きな音、崩壊、(車の)衝突、(飛行機の)墜落

calamity [kəlǽməti]

大災害、災難、悲惨なできごと

> 例文 The Great Depression was far more severe an economic calamity than the recent Great Contraction.
> 世界大恐慌は、最近の(経済の)大収縮よりもはるかに厳しい経済的災難だった。
> ＊Great Depression 世界大恐慌（1929年米国で始まった）

- 類 **cataclysm** 大洪水、地殻の激変、(政治的・社会的)大変動
- 類 **catastrophe** 大異変、大災害、災難、大失敗、激変
- 類 **tragedy** 悲劇、惨劇、惨事
- 類 **fiasco** (計画などの)完全な失敗、大失敗

demolition [dèməlíʃən]

(建物などの)破壊、取り壊し

demolition of bridges 橋の解体

- 類 **destruction** 破壊、滅亡
- 類 **obliteration** 消し去ること、抹消
- 類 **annihilation** 全滅、壊滅

periphery [pərífəri]

周囲、周辺

> 例文 Some 7,000 ill-armed rebels still control half the city's periphery and most of its centre.
> 十分な武器を持たない約7000人の反政府軍が、市の大部分と周辺部半分を今なお支配する。
> ＊some 約、およそ

- 類 **outskirts** 町はずれ、郊外、周辺　on the outskirts of ～のはずれに、郊外に
- 類 **fringe** へり、周辺

turmoil [tə́ːrmɔil]

騒ぎ、騒動、混乱

> 例文 The coalition government navigated the country through the turmoil of the world financial crisis.
> 連立政権は、国のかじ取りをして世界的金融危機の混乱を切り抜けた。
> ＊coalition government 連立政権　navigate 操縦・航行する、通り抜ける

- 類 **upheaval** 大変動、激動、激変、(地殻の)隆起

shambles [ʃæmblz]
大混乱の場、めちゃくちゃ

＊単数扱い

be in a shambles めちゃくちゃである

---

credibility [crèdəbíləti]
信用、信頼性、威信

例文 Mr Hollande needs the partnership to maintain political and economic credibility.
オランド氏には、政治・経済的威信を維持するための協力関係が必要だ。

類 **reliability** 信頼性
類 **plausibility** もっともらしさ

---

validity [vəlídəti]
妥当(性)、正当(性)

the validity of the conclusions その結論の妥当性

形 **valid** 妥当な、正当な

---

stint [stínt]
割り当てられた仕事、任務、仕事の期間、出し惜しみ

例文 He served a previous stint as finance minister.
彼は前に財務大臣の任を務めた。

類 **term** 期間、任期、学期、条件
類 **spell** (天候・仕事・発作などの)ひと続き(の期間) **a dry spell** 乾期、日照り続き
類 **stretch** (仕事・時間などの)ひと続きの時間 **two hours at a stretch** 立て続けに2時間

---

procurement [proukjúərmənt]
(必需品・軍需品の)調達

procurement branch of the armed forces 軍の資材調達部門

動 **procure** 〜を(苦労して)手に入れる
類 **acquisition** 獲得、入手

lodging [ládʒiŋ]
滞在場所、泊る所

例文 Your lodgings are clean and hygienic.
宿泊場所はきれいで清潔です。

類 **accommodations** 宿泊、(ホテルなどの)宿泊設備

hubris [hjúːbris]
傲慢、不遜

例文 In commercial terms, building tall is often an act of hubris.
商業的観点から見ると、高い建物を建てるのは、おごりであることが多い。

類 **arrogance** 横柄、尊大、傲慢

bluff [bláf]
はったり(をかける)、虚勢、断崖絶壁

例文 Anything could happen in this game of nuclear bluff.
この核兵器に対する虚勢の張り合いでは、何が起きてもおかしくない。

類 **bravado** 虚勢、からいばり
類 **deceit** 欺くこと、虚偽

cynicism [sínəsìzm]
冷笑、皮肉なことば[考え、行為]、シニシズム

名 **cynic** 冷笑家、皮肉屋
形 **cynical** 冷笑的な、シニカルな
類 **pessimism** 悲観、悲観主義(⟷ optimism 楽観主義)
類 **irony** 皮肉(な言葉)
類 **sarcasm** 皮肉、いやみ

tier [tíer]
層、段、階層

the top tier of Chinese politics 中国政界のトップ集団

類 **layer** 層

heritage [héritidʒ]
相続財産、文化遺産

World Heritage Sites 世界遺産

---

spook [spúːk]
幽霊、おばけ、スパイ

動 ～をおびえさせる

例文 The companies' networking gear and software could be used by China's spooks to eavesdrop on sensitive communications.
企業のネットワーク機器やソフトウェアは、中国のスパイが機密情報を傍受するのに使われるかもしれない。

＊eavesdrop on ～を盗み聞きする、盗聴する

例文 The school was a bit spooked by a big fall in this year's Financial Times ranking.
その学校は今年のフィナンシャル・タイムズ紙のランキングで大きく順位を落とし、少し動揺した。

形 **spooky** 不気味な、幽霊の出そうな
類 **spectre** 幽霊、亡霊、恐ろしいもの（＝specter）
類 **phantom** まぼろし、幽霊、幻影、見せかけだけのもの［人］

---

equilibrium [ìːkwəlíbriəm]
つり合い、均衡状態

the delicate equilibrium between the multiple factions
複数の派閥間の微妙な均衡

重要語彙［一般］

形容詞・副詞

crucial [krúːʃəl]
決定的な、非常に重要な

例文 He will play a crucial role in forming a widely accepted government after the election.
彼は選挙後、広く受け入れられる政府を作るのに重要な役割を果たすだろう。

類 **critical** 批評の、危機の、重大な

vital [váitl]
命の、きわめて重要な

例文 Reforming the bureaucracy is vital amid claims that it is politicised.
官僚が政治化されているという主張の中、官僚機構の改革が極めて重要だ。
＊bureaucracy 官僚　amid 〜の中で　politicise 〜を政治化する

類 **essential** 本質の、本質的な
類 **fundamental** 基本の、根本的な
類 **imperative** 避けられない、必須の
類 **pivotal** 枢軸の、中枢の、重要な

authentic [ɔːθéntik]
本物の

例文 There were some restaurants with some more authentic Cantonese dishes.
もっと本格的な広東料理を出すレストランがいくつかあった。

名 **authenticity** 本物であること
類 **genuine** 本物の、真の
類 **bona fide** 真実の、本物の

inadequate [inǽdiwət]
不適切な、不十分な

例文 Some malnutrition, obviously, is caused by an inadequate diet.
栄養失調には明らかに不適切な食事で引き起こされるものがある。
＊diet 日常の飲食物、食事療法

- 類 **insufficient** 不十分な、不足な
- 類 **meagre** 貧弱な、乏しい、不十分な
- 類 **scant** 乏しい、わずかな
- 類 **scarce** 不足で、少なくて

substantial [səbstǽnʃəl]
実体のある、かなりの、相当な

例文 During his two-decade rule, Ethiopia went from being a byword for starvation to a substantial food exporter.
彼が統治した20年間に、エチオピアは飢餓の代名詞から、かなりの食料を輸出する国となった。
＊byword 典型、見本、決まり文句

- 類 **generous** 気前のよい、豊富な
- 類 **sizeable** かなり大きな
- 類 **ample** 広い、たっぷりな

seasoned
ベテランの、経験豊かな、味つけした

seasoned official ベテランの役人

abundant [əbʌ́ndənt]
豊富な、あり余る

abundant natural resources 豊富な天然資源

- 名 **abundance** 大量、豊富
- 類 **plentiful** たくさんの、豊富な　名 **plenty** たくさん　**plenty of** たくさんの
- 類 **ample** 十二分の、たっぷりな
- 類 **copious** 豊富な　**copious minerals** 豊富な鉱物

143

a bunch of [ə bʌ́ntʃ əv]
一房の、一束の、一集団の、たくさんの

＊一つのまとまり。bunch（果物などの）房、（物の）束、（人の）集まり

a bunch of judges 判事の一群

- 類 **a slew of** たくさんの a slew of raw-materials orders 多くの原料注文
- 類 **a host of** たくさんの
- 類 **scores of** たくさんの
- 類 **loads of** たくさんの ＊load 積荷
- 類 **numerous** たくさんの、数多くの

legitimate [lidʒítəmət]
合法の、正当な、嫡出の

legitimate claims 正当な要求

- 名 **legitimacy** 合法性、正当性
- 類 **lawful** 法律で認められた、合法の

vulnerable [vʌ́lnərəbl]
傷つきやすい、脆弱な、攻撃を受けやすい

例文 Hollowed-out inner cities are particularly vulnerable to violent criminals.
空洞化した都市部は、特に暴力犯罪者に対して脆弱だ。
＊hollowed-out 空洞化した

- 名 **vulnerability** もろさ、脆弱性 software vulnerability ソフトウェアの脆弱性
- 類 **susceptible** 影響を受けやすい

perilous [pérələs]
危険な

例文 Myanmar's path to democracy is more perilous than it seems.
ミャンマーの民主主義への道のりは思うより危険だ。

- 形 **peril** 危険 in peril 危険な状態で
- 動 **imperil** 〜を危険にさらす
- 類 **jeopardy** 危険 in jeopardy 危険にさらされて
- 類 **menace** 脅威（を与えるもの）、迷惑をかける人[物]

horrific [hɔːrífik]
恐ろしい、ぞっとする

- a horrific train crash 恐ろしい列車衝突事故

- 類 **horrendous** 恐ろしい
- 類 **macabre** 不気味な、ぞっとする、死を思わせる ＊発音注意 [məkáːbrə]
- 類 **chilling** 身の毛のよだつ、肌寒い

subdued [səbdjúːd]
抑制された、控えめな、トーンを落とした

- 例文 Price inflation remains relatively subdued in the rich world, even though central banks are busily printing money.
中央銀行は紙幣の印刷に忙しいが、物価インフレは富裕国では比較的落ち着いたままだ。

- 動 **subdue** 〜を征服する、〈反乱などを〉制圧する、〈感情などを〉抑える

amicable [ǽmikəbl]
（関係などが）友好的な

- 例文 If the two sides cannot reach an amicable solution, there may well be fireworks when they meet in June at the G20 summit in Mexico.
両国が友好的解決に至らなければ、7月にメキシコで行われるG20サミットで火花が散るかもしれない。
  ＊firework 花火、（論戦などの）火花、興奮、騒ぎ、射撃

- 類 **amiable** （人・態度などが）感じのよい、好意的な
- 類 **courteous** （思いやりがあって）礼儀正しい、親切な
- 反 **hostile** 敵の、敵意のある、非友好的な

adamant [ǽdəmənt]
（人・意志などが）極めて強固な、断固とした

- 例文 Economists have long been adamant that the right tax on capital is no tax at all.
経済学者は長いこと、資本金に対しては全くの非課税が正しいと断固として主張してきた。

- 類 **determined** 固く決心した
- 類 **resolute** 決心の堅い、意志の堅い　take a resolute action 断固たる措置を取る
- 類 **stubborn** 頑固な、強情な

Part 3　形容詞・副詞

145

pious [páiəs]
信心深い、敬虔（けいけん）な

- pious Muslim 敬虔なイスラム教徒

- 類 devout 信心深い、敬虔な
- 反 impious 不信心な、不敬な

malicious [məlíʃəs]
悪意に満ちた、意地の悪い

- malicious articles full of misinformation 誤報に満ちた意地の悪い記事

- 類 vicious 悪意のある、邪悪な
- 類 cruel 残酷な
- 類 wicked （人・行為・精神が）悪い

rife [ráif]
（よくない物が）広まって、とても多い

＊通常"悪いもの"が多い。be rife with「～でいっぱいである」も重要。

- 例文 Sexism is rife in Asia. 性差別がアジアで蔓延している。

- 類 prevalent 流布している、広く行われている
- 類 rampant はびこっている
- 類 ubiquitous 至る所にある

furious [fjúəriəs]
ひどく立腹した、（速力・活動など）猛烈な

- furious customers 激怒した顧客
- a furious battle すさまじい戦い

- 動 infuriate ～を激怒させる
- 類 irate 怒った、立腹した

outrageous [autréidʒəs]
常軌を逸した、無礼な、非道な、とんでもない

- outrageous campaign promise 常軌を逸した選挙公約

名 **outrage** 激怒、(目に余る)暴力、不法行為　動 ～を憤慨させる
形 **outraged** 憤慨した
類 **scandalous** (行為などが)恥ずべき、けしからぬ、中傷的な

impartial [impáːrʃəl]
(判断などが)偏らない、公平な

＊im(＝not)＋partial(部分的な) → "部分的ではない"ことから「公平な」となる。

impartial judgment 公正な判断

名 **impartiality** 偏らないこと、公平
類 **detached** 分離した、(考え・意見などが)公平な
類 **disinterested** 公平無私な、興味を持たない

marginal [máːrdʒinl]
へり・縁の、辺境の、重要でない

例文 In many countries, the poor are politically marginal.
多くの国で、貧しい人々は政治的に重要とされていない。

動 **marginalize** ～を社会の周縁に追いやる
類 **peripheral** 周辺部の

imminent [ímənənt]
今にも起こりそうな、差し迫った

例文 Poland's entry into the euro is imminent — in theory.
ポーランドのユーロ加入は今にも起こりそうだ――理論上だが。

類 **impending** 今にも起こりそうな、差し迫った
類 **upcoming** やがてやって来る
類 **forthcoming** やがて来る、来たる

equivocal [ikwívəkəl]
(語句などが)両義にとれる、あいまいな

例文 The Russian delegates were equivocal about free enterprise.
ロシアの代表者は自由企業体制についてはあいまいな態度だった。

＊**delegate** (会議などへの)代表、使節
　free enterprise (政府からの規制がほぼない)自由企業(体制)

[動] **equivocate** あいまいなことを言う、言葉をにごす
[反] **unequivocal** あいまいでない、明白な
[類] **ambiguous** どうにでも解釈できる、あいまいな
[類] **evasive** はぐらかすような、言い逃れの

ambivalent [æmbívələnt]
相反する感情を持つ、両面価値的な

> 例文 Many Africans are ambivalent about their leaders' extravagance.
> 多くのアフリカ人は指導者たちの浪費に複雑な思いでいる。
> ＊extravagance 浪費、ぜいたく

[類] **contradictory** 矛盾した

vague [véig]
ぼんやりした、はっきりしない、漠然とした

> 例文 Most countries have ratified the treaty, though the application of it remains vague.
> ほとんどの国が条約を批准したが、その適用範囲は漠然としたままだ。

[類] **obscure** 不明瞭な、ぼやけた　[動] 分かりにくくする、覆い隠す
[類] **hazy** かすんだ、もやのかかった、ぼんやりした、不明確な
[類] **blurred** ぼやけた、ぼんやりした

sluggish [slÁgiʃ]
怠惰な、(動きが)のろい、不振の、不活発な

sluggish economy 不景気

> 例文 Sales of electric cars may be sluggish.
> 電気自動車の売り上げは不調かもしれない。

[類] **lethargic** だるい、無気力な
[類] **listless** 元気のない、もの憂い
[類] **dull** 鈍い、退屈な、やる気のない
[類] **apathetic** 無感動の、無関心な
[類] **languid** けだるい、無気力な、(商売などが)不振な
[類] **inert** 不活性の、無気力な、自力で動けない

notable [nóutəbl]
注目すべき、顕著な、著名な

- 例文 One of the convicts is a notable female politician from the state's ruling Bharatiya Janata Party.
  受刑者の1人は、この国の与党であるインド人民党の有名な女性政治家である。

- 類 **notably** 著しく、目立って、特に
- 類 **conspicuous** 目立つ、はっきり見える、顕著な
- 類 **outstanding** 目立つ、顕著な、すぐれた

prominent [prάmənənt]
顕著な、卓越した、著名な

- 例文 Emad Gad, a prominent member of the Social Democratic Party, spurned Ms Clinton's invitation.
  Emad Gad氏は名の知れた社会民主党員だが、クリントン夫人の招待を拒絶した。
  * spurn をはねつける、拒絶する

- 類 **eminent** 著名な、高名な、卓越した
- 類 **renowned** 有名な、高名な

dire [dáiər]
恐ろしい、すさまじい、悲惨な、ひどい

- 例文 A decade ago, Brazil was facing a dire electricity shortage.
  10年前、ブラジルはひどい電気不足に直面していた。

- 類 **awful** 恐ろしい、すさまじい、ひどい
- 類 **dreadful** ひどい、恐ろしい
- 類 **grim** 厳しい、残酷な、無慈悲な、恐ろしい
- 類 **appalling** ぞっとさせる、恐ろしい

notorious [noutɔ́:riəs]
悪名高い

- 例文 He was a victim of modern Britain's most notorious serial killers.
  彼は、現代の英国で最も悪名高い連続殺人犯の犠牲者だった。
  * serial killer 連続殺人犯

- 類 **infamous** 悪名高い

Part 3 形容詞・副詞

149

flagrant [fléigrənt]
目にあまる、極悪の

flagrant breaches of the law 目に余る違法行為

類 **heinous** （犯罪などが）極悪な、憎むべき　heinous crime 極悪犯罪、凶悪犯罪

類 **nefarious** 極悪な　nefarious activity 非道な行い、ひどい不正行為

ruthless [rú:θlis]
無慈悲な、無情な、冷酷な

例文 Syria's beleaguered but ruthless regime refuses to talk to its opponents until they lay down their arms.
窮地にあるが無情なシリア政権は、反対派が武器を置くまで話し合いを拒否している。
＊beleaguered 包囲された、窮地・苦境に立つ

類 **merciless** 無慈悲な、無情な

類 **relentless** 情け容赦のない

類 **callous** 皮膚が硬くなった、無感覚な、冷淡な、無情な

類 **cruel** 残酷な

類 **brutal** 野蛮な、残忍な

telltale [téltèil]
〈秘密・感情などを〉おのずと表す

a telltale sign of Alzheimer's アルツハイマー病の明確な兆候

類 **telling** 〈感情・秘密などを〉おのずと表す、効果のある

例文 This is a telling indicator of how costs might increase.
これはいかにして費用が増えるかをおのずと示す指標です。

intangible [intǽndʒəbl]
触れることのできない（もの）、無形の（もの）

intangible assets 無形の財産　＊顧客の信用など

反 **tangible** 触れることができる、有形の、実体のある

wry [rái]
（顔などが）しかめた、ゆがんだ、皮肉たっぷりの

例文 With a wry grin he recalls speeches at Marxist conferences.
苦笑いを浮かべて、彼はマルクス主義者会議でのスピーチを思い出す。
＊grin にこっと笑う(こと)　Marxist マルクス主義者(の)

類 contorted ねじ曲げた、ゆがめられた

類 crooked 曲った、ねじれた、不正な、詐欺の

latent [léitnt]
隠れた、潜在の

latent feelings of resentment against immigrants 移民に対する憤りという隠れた感情　＊resentment 憤り、敵意

rigorous [rígərəs]
(人・規則などが)厳格な、厳しい

rigorous background checks 厳しい身元調査

daunting [dɔ́:ntiŋ]
(仕事など)人の気力をくじく、非常に困難な

daunting task 困難な(気が引けるような)仕事

例文 Whoever captures Egypt's presidency will face a daunting task.
誰がエジプトの大統領になろうと、非常に困難な仕事に直面するだろう。
＊capture 捕える、捕獲する　presidency 大統領[社長]の地位

類 discouraging 落胆させる、やる気をそぐような

arcane [a:rkéin]
難解な、(その分野に精通している)少数の人だけが知っている

arcane technicalities 難解な専門的事項　＊technicality 専門的事項

defunct [difʌ́ŋkt]
消滅した、今はない、亡くなった

例文 Southwest is so devoted to the 737 that after it acquired AirTran, it decided to lease the defunct airline's entire 717 fleet—88 planes—to Delta.
サウスウェスト航空は737型機に入れ込んでいるので、エアトラン社を買収した後、消滅した航空会社(エアトラン)の全717型機88機をデルタ航空にリースすると決めた。
＊devoted 献身的な、熱心な　acquire 得る、獲得する　fleet 一輸送会社の全車両、全航空機

類 extinct 絶えた、絶滅した

Part 3　形容詞・副詞

inherent [inhíərənt]
（性質・属性などが）本来備わっている、生来の

the risk inherent in start-ups 新興企業に固有のリスク

- 類 **innate** 生まれながらの、生来の
- 類 **intrinsic** 本来備わっている、内在の（⟷ extrinsic 本質的な、外在的な）
- 類 **inborn** 生まれつきの

monolithic [mànoulíθik]
一枚岩的な

例文 The economy of North Korea appears to be becoming both more open and less monolithic.
北朝鮮の経済はよりオープンとなり、一枚岩的ではなくなってきているようだ。

名 **monolith** （家・組織など）一枚岩的なもの

gaping [géipiŋ]
（亀裂・傷口などが）大きく口を開けた

a gaping hole 大きな穴、ぽっかり開いた穴

nascent [nǽsnt]
生まれようとする、発生期の、初期の

Egypt's nascent democracy エジプトで始まったばかりの民主主義

proverbial [prəvə́ːrbiəl]
ことわざの、ことわざにある

例文 The Buffett Rule would raise around $47 billion in revenues over 11 years, a proverbial drop in the bucket compared to the overall size of the deficit.
バフェット（氏が提唱する）ルールでは11年間に約470億ドルの増収になるが、負債全体の額と比べるとよく知られた"大海の一滴"にすぎない。

＊ **revenue** 歳入、収入　**a drop in the bucket** バケツの中の一滴、大海の一滴、わずかの量

prolonged [prəlɔ́:ŋd]
長引く、長期の

- 例文 The body's response to prolonged periods of stress is to secrete increasing amounts of cortisol.
  長期間のストレスに反応して、身体は多量のコルチゾールを分泌する。
  * secrete ～を分泌する

- 動 **prolong** （時間などを）引き延ばす
- 類 **lengthy** 長い、長たらしい

nimble [nímbl]
素早い、理解が早い

- 例文 Some claim that innovation is easier at small, more nimble companies than at behemoths.
  巨大企業より小さくて素早く動ける企業の方がイノベーションはたやすいと主張する人もいる。

- 類 **agile** すばやい、頭の回転が速い
- 類 **brisk** （動きが）活発な、きびきびした

lumbering [lʌ́mbəriŋ]
重そうにぎこちなく動く

- **lumbering bureaucracy** 対応が遅い官僚制(度)、お役所仕事

- 名 **lumber** 材木

cash-strapped [kǽʃstræpt]
金に困っている、資金繰りが苦しい

- 例文 The cash-strapped government is rushing to privatise various public utilities.
  財政難の政府はさまざまな公益企業の民営化を急いでいる。
  * privatise ～を民営化する　public utility （電気・ガスなどの）公益企業

souped-up [sú:ptʌ́p]
馬力を上げた、高性能になった

- 例文 The new device will be available in two models: a basic version with a processor designed by ARM and a souped-up one with an Intel chip for business users.
  新しい機器には2つのモデルがあり、基本バージョンはARM社が設計したプロセッサ、高性能バージョンはビジネスユーザー向けでインテルのチップが搭載されています。

apocalyptic [əpàkəlíptik]
黙示の、終末論的な

> **例文** Commentators tend to paint the disputes in an almost apocalyptic light.
> コメンテーターは、紛争をこの世の終わりのように言う傾向がある。

schizophrenic [skìtsəfrénik]
統合失調症の(患者)、矛盾する態度を持つ

> **例文** One tech-industry figure calls government web policies "schizophrenic".
> テクノロジー業界のある人が、政府のインターネット政策を"統合失調症"だと言う。
> ＊figure 人物

名 schizophrenia 統合失調症

swiftly [swíftli]
素早く

> **例文** Central banks moved swiftly to slash interest rates and extend liquidity.
> 中央銀行は素早く動いて、利率を下げてお金の流動性を高めた。

類 promptly 敏速に、即座に

writ large [rít lá:rdʒ]
大書されて、大規模に

＊writ=written。writ smallは「規模を縮小して」。

> **例文** Italy may look like Greece writ large, but the truth is more complex.
> イタリアは規模を大きくしたギリシャのように見えるかもしれないが、実はもっと複雑だ。

theoretically [θì:ərétikəli]
理論上は、理論的には

> **例文** The prosecutors had asked for three years; the crime, as it were, theoretically could have been punished by up to seven.
> 検察側は懲役3年の求刑をした。その犯罪は言うなれば理論上は7年以下の懲役だった。
> ＊prosecutor 検察官、検事　as it were 言わば、言ってみれば

反 practically 実際に、実用的に、実地の上で
類 in theory 理論上は、理論的には

重要語彙［一般］

フレーズ

【英語以外】

de facto
[ラテン語] 事実上の、現実の

the de facto opposition leader 事実上の反対派勢力の指導者

status quo
[ラテン語] 現状

the status quo in the Arab world アラブ世界の現状

per se
[ラテン語] それ自体が［で］

例文 Her objection has been not to Islam per se, but to what she calls "Islamification".
彼女が反対するのは、イスラム教それ自体ではなく、"イスラム化"と彼女が呼ぶものだ。
＊objection 反対、異議

quid quo pro
[ラテン語] 代償(物)、見返り、仕返し

例文 The Palestinians should acknowledge Israel as a Jewish state, as a quid quo pro for a further settlement freeze.
パレスチナ人は、更なる入植地建設を凍結する見返りに、イスラエルをユダヤ人国家と認めるべきだ。

en bloc
[フランス語] かたまって、ひとまとめに(して)

例文 Some countries could resign en bloc from today's EU.
何ヵ国かが、まとまって今日のEUから脱退するかもしれない。

en masse
フランス語 集団で、大挙して

(= in large numbers、in a mass)

> 例文 On June 10th an air-defence battalion defected en masse.
> 6月10日、防空大隊が集団で逃亡した。
>
> ＊battalion 大隊　defect 離脱する、逃亡する

laissez-faire
フランス語 レッセフェール、自由放任主義、非干渉主義

> **laissez-faire economics** 自由放任主義経済

raison d'être
フランス語 存在理由[価値]、レゾンデートル

> 例文 With security broadly restored, Minustah's raison d'être became fuzzier.
> 広範囲で治安が回復され、Minustah(国連ハイチ安定化ミッション)の存在理由が薄れてきた。
>
> ＊fuzzy ぼやけた、不明瞭な

【動詞系】

pay the price
代償を払う、犠牲を払う、報いを受ける

> 例文 He explains that "the whole area is awash with illegal weapons. Nobody has done anything to check that and now we are paying the price."
> 「地域全体に違法な武器があふれている。抑制するために誰も何もしなかったので、我々が今その代償を払っているのだ」と彼は説明する。
>
> ＊be awash with ～でいっぱいだ、あふれている

take its[a] toll
被害・損失をもたらす

＊このtollは、「代値、代償、犠牲」の意味。

> 例文 The poor economy doesn't seem to be taking a toll on the incumbent candidate.
> 不況であることは現職候補者への大きな打撃にはならないようだ。
>
> ＊incumbent 現職者

point a finger at
人を指さす、人を(名指しで)非難する

＊finger-pointing 責任[罪]のなすりつけ、非難

例文 At this week's G20 summit in Mexico, more fingers were pointed than backs slapped.
今週のメキシコのG20サミットは、親交というより責任追及(非難)の場となった。

＊slap 人 on the back 人の背中をぽんとたたく(親しみ・親愛の情を表す)

類 apportion blame 責任[罪]を分配する(これはA氏のせい、あれはB氏のせいと責任を分けること)

---

pass the buck
責任を転嫁する

例文 Governments that try to deal with the problem by passing the buck to companies will at best fail, and at worst harm the economy.
企業に責任転嫁することで問題に対処しようとする政府は、よくても失脚、最悪の場合は経済に悪影響を与えるだろう。

＊at best せいぜい、よくても　at worst 最悪の場合は

---

fall short of
(〜に)不足する、(基準・期待などに)達しない、及ばない

例文 The verdict in the high-profile case fell short of the outcome sought by the prosecution.
注目の的となっている裁判の評決は、検察側が求める結果には及ばなかった。

＊high-profile 注目を集めている、目立った　outcome 結果、結末

---

have a stake (in)
利害関係がある、投資(出資金を出)している

＊stake 「賭け金」から、「利害、成否、重要なもの」も指す。

例文 Glencore's IPO last year was designed to give it a currency with which to pursue Xstrata, a firm in which it already has a 34% stake.
Glencore社の去年のIPO(新規株式公開)は、同社が既に株の34％を所有するXstrata社を買収する貨幣を得るためのものであった。

---

hedge one's bets
(危険を分散させるため)複数のものに賭ける、分散投資して損失を防ぐ

＊hedge 图「防護手段、損失防止措置、両掛け」

> **例文** Samsung, despite the huge success it has had selling devices that run on Android, this week also launched some new models that run on Microsoft Windows 8. Samsung appears to be hedging its bets in case Android runs into patent problems.
> サムスンは、アンドロイド搭載端末を売っての大成功にも関わらず、ウィンドウズ8搭載の新モデルも今週売り出した。同社は、アンドロイドが特許権の問題に陥る場合に備えて、両掛けで損失を防ごうとしているようだ。
>
> ＊in case 万一〜の場合には、万一に備えて　patent 特許権

have the upper hand
優勢である、支配している

> **例文** The Republicans feel they have the upper hand if the election is seen as a choice between two divergent views of the role and size of government.
> 選挙が政府の役割と規模について2つの異なった考えの選択であるなら、共和党は自分たちが優勢だと考える。
>
> ＊divergent 分岐する、異なった

sit on the fence
どっちつかずの態度でいる、形勢を見る

> **例文** Some of those sitting on the fence have become disillusioned by the government's failure to implement promised changes.
> 様子見の人々の中には、政府が約束した変化を起こせなかったことで、幻滅した人もいる。
>
> ＊implement 〈契約・計画などを〉実行する、実施する　disillusion 迷いを覚まさせる、幻滅を感じさせる
>
> 名 **fence-sitter** どちら側にもつかない人、形勢を見る人

strike a balance (between A and B)
（AとBの間で）釣り合いをとる

> **例文** How to strike a balance between morality and strategic interest?
> 倫理と戦略的利益の間で妥協点を見いだす方法とは？

jump on the bandwagon
優勢な方を支持する、時流に乗る、便乗する

＊"パレードの先頭を行く楽隊車(bandwagon)に飛び乗る"ことから、この傾向を指してbandwagon tendencyという。

> **例文** I don't particularly want to jump on the bandwagon of bashing Sarah Palin.
> サラ・ペイリンたたきに特に便乗したいわけではない。
>
> ＊bash 〜を強打する

put one's money where one's mouth is
口で言うだけでなく行動で証明する

例文 Mr Obama, who promised his "ironclad" support for Israel's security, has already put America's money where his mouth is.
イスラエルの安全保障に対する"堅固な"支援を約束したオバマ氏は、すでに米国の金を拠出して言うだけでなく行動で示した。

＊ironclad　鋼鉄で装甲した、破ることができない

make inroads (into[on])
～に入り込む、進出する、侵入する

例文 P&G has begun to demonstrate that where it is willing to invest heavily in developing markets it can make inroads.
P&G社は、途上国市場で同社が大きな投資をしたい所に進出することができると示し始めている。

dip one's toe into
(新しいことを)やってみる、試みる

例文 A Chinese giant dips a toe into the British retail market.
中国の大手企業がイギリスの小売市場に参入してみる。

＊retail　小売り

test the water(s)
(アイデアや計画についての)様子[反応]を見てみる

例文 The firm tested the waters with three pilot stores in small British towns.
その会社は、英国の小さな町に実験店を3つ出店して様子を見てみた。

＊pilot　試験的な

drive a wedge in
～にくさびを打ち込む、亀裂を生じさせる

例文 Mr Medvedev's aides lost no time in accusing Mr Luzhkov of trying to drive a wedge between the president and the prime minister.
メドベージェフ氏の側近は、大統領と首相の間に亀裂を生じさせようとしたと、すぐさまルシコフ氏を責めた。

＊aide　(政府高官などの)補佐官、側近　　lose no time in doing　すぐに～する
　accuse 人 of ～　人を～のことで責める

Part 3　フレーズ

cry wolf
うそで人を騒がせる、虚報を伝える

＊イソップ物語『羊飼いとオオカミ少年』より。

例文 The Israelis have been crying wolf over Iran's nuclear plans for years, and nothing has happened.
イスラエルはイランの核兵器計画について何年も虚報を伝えてきたが、何も起こらなかった。

add insult to injury
踏んだり蹴ったり（泣きっ面に蜂）の目にあわせる

＊傷つけた（ひどい目にあわせた）うえになお侮辱を加える。

例文 To add insult to injury, consumers and power-hungry industries expect the power utilities to take up the slack when sun and wind are idle.
さらに追い打ちをかけるように、消費者と電力を必要とする業界は、太陽や風がない時に電力会社が不足分を補ってくれることを期待する。

＊power utility 電力会社　take up the slack （ロープ・組織の）たるみを引き締める、不足分を補う　idle 使用されないでいる

ride[run] roughshod over
〜を手荒く扱う、踏みつけにする

例文 The central-government bureaucrats would have run roughshod over those who resisted them.
中央政府の官僚は、反抗した人々にひどい扱いをしていたであろう。

【形容詞・副詞系】

well off
裕福な

例文 Will people graduating this year in your country be better off than their parents?
あなたの国で今年卒業する人は、親よりも裕福になるだろうか。

形 **well-off** 裕福な

類 **well-to-do** 裕福な

類 **well-heeled** 裕福な、金持ちの

類 **affluent** 裕福な、豊富な

under way
進行中で

> 例文 Another huge construction job will shortly get under way.
> 別の大規模建設工事がまもなく行われる。

> 類 **in the pipeline** （計画などが）進行中で、（商品が）発送中で

under fire
砲火を浴びて、攻撃・批判を受けて

> 例文 Web companies have increasingly come under fire for the way they use consumers' data.
> ユーザーのデータを利用するそのやり方で、インターネット企業はますます批判を受けている。

at stake
賭けられて、危機に瀕して

> 例文 At stake is its reputation as the supplier of the most desirable of mobile devices.
> 最も魅力的な携帯端末を提供する会社としての評判がかかっている。
>
> ＊desirable 望ましい、手に入れたい

out of the woods
困難を脱して、危険を免れて

＊「（危険な）森の中から出て」から。

> 例文 The deal removes the threat that Standard Chartered's New York licence could be removed but the bank is not out of the woods yet.
> その取引でスタンダードチャータード銀行ニューヨーク支店の認可取消しの恐れはなくなるが、まだ安心はできない。

in a bid to do
〜するために、〜することを目指して

＊bid 試み

> 例文 Chinese and European officials met in a bid to avert a trade war.
> 中国とヨーロッパの政府高官が貿易戦争を避けようと面談した。
>
> ＊official 役人、政府高官、当局者　avert 避ける

tantamount to
～に等しくて

例文 They claims that the abrupt closure of nuclear plants is tantamount to expropriation.
原子力発電所の急な閉鎖は収用に等しいと彼らは主張する。
＊abrupt 不意の、突然の　expropriation（土地などの）収用

類 equivalent to ～と同等の、～に相当する

up to scratch
一定の水準に達して

例文 The electricity transmission network is not up to scratch.
その送電網は、標準レベルに達していない。

at the helm (of)
～の舵を取っている、指導者である　＊helm 舵、支配、指揮（権）

例文 He will take the helm at the corporation next month.
来月には彼が会社の指揮を取る。

on the verge of
～の瀬戸際で、寸前で　＊verge 端、へり、縁

on the verge of starvation 飢餓の瀬戸際で

類 on the brink of ～に瀕して、～の寸前[瀬戸際]で

in the limelight
脚光を浴びて

例文 Now companies such as Standard & Poor's, Moody's and Fitch are back in the limelight.
今日、S&Pやムーディーズ、フィッチのような（格付け）会社が再び脚光を浴びている。

類 in the spotlight 注目を浴びて、脚光を浴びて

in limbo
不確かな状態で、忘れられた　＊limbo 天国と地獄の中間にある場所

例文 Some countries keep failed entrepreneurs in limbo for years.
失敗した企業家たちを、何年間も忘却の彼方におく国もある。

for good
永遠に、永久に

> 例文 Has Germany said goodbye to nuclear power for good?
> ドイツは原子力に、永遠の別れを告げたのか。

【名詞系】

game changer
状況を一変させる物事

＊試合(game)の流れを変えるもの　　change the game　状況を一変させる

> 例文 A trade association calls shale gas a "game changer" that is rejuvenating industry.
> 事業者団体は、業界を活性化させるシェールガスを"ゲームチェンジャー"と呼ぶ。
>
> ＊rejuvenate （若さ・活力を）取り戻させる、活性化する

bang for the buck
(支払った金に対する)見返り、見合った価値

> 例文 Investors are hoping to get "more bang for the buck" by buying these assets.
> 投資家は、より多くの見返りを期待してそれらの資産を購入する。

survival of the fittest
適者生存　　＊生物学の自然選択(natural selection)を人間社会にあてはめた考え。

> 例文 They believe that America is the new world free of European rigidity, where survival of the fittest rules.
> 米国は、欧州のような厳格さがない新しい社会であり、そこでは適者生存が支配すると彼らは考える。
>
> ＊rigidity 堅いこと、硬直、厳格

low-hanging fruit
簡単に達成できる目標

＊"低い位置にぶら下がっている果実"は簡単に摘めることから。

> 例文 He readily concedes that, so far, Unilever has been "picking low-hanging fruit".
> 今までのところユニリーバ社は手の届くところにある目標を達成してきたと、彼はあっさりと認めた。
>
> ＊readily たやすく、すぐに　　concede ～を認める　　so far 今までのところ

163

name-calling
悪口、中傷

＊call 人 names （人の）悪口を言う

> 例文 Amid all the name-calling in America's presidential campaign, a serious subject has begun to emerge: what role should government play?
> 米大統領選挙運動での中傷合戦の中、重大な問題が出てきた：政府の役割は何か？

silver lining
（暗い状況での）希望の光、明るい見通し

＊Every cloud has a silver lining.「どんな雲も裏は銀色に光っている」ということわざから。

> 例文 Even if the Supreme Court strikes down Obamacare, there could be a silver lining for the president.
> たとえ最高裁判所がオバマケア（医療保険制度改革法）を無効としても、大統領には希望の光がある。
>
> ＊strike down を打ち倒す、〈判決・規則などを〉無効にする

basket-case
無力な人・もの、財政的苦境にある国・会社

＊戦争で両手両足を失った兵士が独力で動けないことから。

> 例文 Despite its many, many flaws Greece was not always an economic basket-case.
> 多くの欠陥はあったが、ギリシャは常に無力な経済国だったわけではない。

vicious circle
悪循環

break (out of) the vicious circle 悪循環を断つ

> 例文 There is a vicious circle in which heavy-handed external intervention in Greek affairs triggers feelings of victimhood and xenophobia, and reduces the chances of local politicians ever taking full responsibility for their country's fate.
> ギリシャ情勢への外からの高圧的介入は、犠牲者意識や外国人を嫌う気持ちを誘発し、政治家が自国の運命に全責任を取る可能性が下がる、という悪循環がある。
>
> ＊heavy-handed 高圧的な　external 外部の、外からの　affairs （全般的な）事情、情勢、状況　trigger 〈引き金を〉引く、きっかけとなる　xenophobia 外国の人[物]嫌い、外人恐怖症者

同 **vicious cycle** 悪循環

反 **virtuous cycle** 好循環

margin of error
誤差の範囲

> 例文 The margin of error is wide, at plus or minus 3.1 points.
> 誤差の範囲は広く、プラスマイナス3.1ポイントです。

knock-on effect
連鎖反応、ドミノ効果、波及効果

> 例文 It's a mistake to ignore the knock-on effects of Chinese policy.
> 中国の政策が及ぼす影響を無視するのは間違いだ。

類 **spillover effect** 余波、拡散効果
類 **ripple effect** 波及効果
類 **domino effect** ドミノ効果
類 **chain reaction** 連鎖反応

(treasure) trove
貴重な収集品、宝庫

a trove of confidential documents 機密文書の宝庫

fine line
細い線、微妙な違い、紙一重

the fine line between activism and fanaticism 積極的行動と狂信的行為の間の細い線(紙一重)

head wind
向かい風、逆風

face some severe headwinds 激しい逆風に直面する

反 **tail wind** 追い風

whistleblower
(内部)告発者、不正を通報する者

＊笛(whistle)を吹い(blow)て、警告することから。

blow a whistle 内部告発する

> 例文 In theory, the United Nations cherishes and protects whistleblowers.
> 理論上は、国連は内部告発者を大切に考え保護する。
> ＊cherish 〜を大事にする

scapegoat
他人の罪を負わされる者、身代わり

＊「贖罪のヤギ(聖書)」より。

> 例文 A useful scapegoat for Chinese journalists at the forum was the Western press, which they accused of playing up frictions and influencing perceptions in both countries.
> フォーラムで、中国のジャーナリストたちが罪をかぶせるのに利用したのは、欧米報道機関だった。両国(中国とインド)の摩擦を強調し認識に影響を与えたのだと、報道機関を責めたのだ。
>
> ＊play up 重要と思わせる、強調する　perception 知覚、認識

wake-up call
(人の目を覚まさせる)警告、注意喚起、警鐘

> 例文 The report argues that the food-price spike and recent climate-change problems should be a wake-up call for governments to invest in agriculture.
> 食物価格の高騰と最近の気候変動の問題は、政府が農業に投資すべきという警鐘だと報告書は論じる。

the jury is still out (on)
(～について)まだ結論は出ていない

＊直訳は「陪審員はまだ外にいる」。裁判では、陪審員が別の部屋で協議し、結論に達したら法廷に入って評決を下す。そこから"法廷の外にいる"とは"結論が出ていない"という意味。

> 例文 The jury is still out on whether current theories really are enough to explain the origins of the universe.
> 宇宙の起源を説明するのに、現在の理論で本当に十分かどうかは結論がまだ出ていない。

The genie is out of the bottle.
もう後戻りはできない。

＊直訳は"ジニーは瓶から出た"。genieは神話で瓶から出してくれた人の願いを叶える精霊で、魔物やトラブルの種とされる。

> **put the genie back in the bottle**　決定的に変わってしまった状況を元に戻す("魔物を瓶に戻す")
>
> 例文 It is now clearly too late to put the ethnic genie back in the bottle.
> 民族が対立する状況を元に戻すには、今や明らかに手遅れだ。
>
> ＊ethnic 民族の、人種の

zero sum game
ゼロ・サム・ゲーム

誰かが得をすれば、同じだけ他の誰かが損をする状況。合計は必ずゼロとなる。

> 例文 Economics is not a zero sum game. 経済学はゼロ・サム・ゲームではない。

a snowball's chance (in hell)
万に1つのチャンス［見込み・望み］

＊灼熱の地獄では雪玉はすぐ融けてなくなることから。

not have a snowball's chance of 〜の見込みは全くない

> 例文 The consumption tax doesn't have a snowball's chance in hell of being passed.
> 消費税法案が通過する見込みは全くない。

nimby
ニンビー

＊NIMBY=not in my backyard　核やごみ処理施設、基地などは必要だが、自分の家の近く（自宅の裏庭）に建設するのは絶対ダメだという人、その態度

> 例文 Power lies with the boroughs, and residents tend to be of the not-in-my-backyard persuasion.
> （建築許可の）権限は自治区にあるが、住民たちは"家の近くは絶対ダメ"というタイプでありがちだ。
>
> ＊borough 自治区　of the 〜 persuasion 〜のタイプ・種類

snafu
混乱状態、ゴタゴタ

＊snafu=Situation Normal All Fucked Up　いつも通り状況はすべてがめちゃくちゃだ

> 例文 The snafu at the state-controlled firm highlights worrying vulnerabilities at the heart of British banking.
> 国の支配下にあるその企業の混乱状態は、英国銀行業の中心にある厄介な脆弱性を際立たせる。
>
> ＊highlight 強い光を当てる、目立たせる、強調する　vulnerability 脆弱性

rocket science
ロケット科学、ロケットを飛ばすくらい難しいこと

> 例文 One manager said of a successful investment that "it's not rocket science, it's just ears, eyes and nose and using it in the right way".
> ひとりのマネージャーが成功する投資について言った。「それは全然難しいことじゃない。耳、目、鼻を正しく使うだけだ」

pecking order
鳥のつつきの順位、(人間社会の)序列、階級の順位

pecking order of creditors 債権者たちの順序

alter-ego
もう一人の自己、分身、親友

例文 Bruce Wayne, Batman's billionaire alter-ego, lacks preternatural abilities.
ブルース・ウェインはバットマンのもう一人の自分で億万長者だが、超自然的能力はない。
＊preternatural 超自然的な

persona
(装っている)人格、仮面

＊他人に見せている自分の外面の人格。

例文 He made a conscious decision to learn charisma, to create the Steve Jobs "persona".
カリスマ性を習得しようと意図的に決断した。自分にスティーブ・ジョブズの人格をつくるためだ。

type-A personality
A型行動様式(の人)

＊米国の学者が心臓病リスク要因として提唱した行動様式。A型とB型があり、大まかに言うとAは神経質でまじめ、Bはおおらか。日本で言う血液型による性格ではないので注意。

例文 Injuries are common. "They are type-A personalities and they overdo it," observes Mr Nadkarni.
よく怪我する。「彼らはA型行動様式の人で、物事をやりすぎるのだ」とNadkarni氏は述べる。
＊overdo やりすぎる　observe 観察する、(観察して)述べる

101
基礎、基本、初級講座

＊大学で基礎的な入門講座の番号が大抵101であることから。ワン・オー・ワンと読む。

例文 That's not even Political Science 101. It's more like junior high school level stuff.
それは政治学の基本ですらなく、むしろ中学校レベルのようなものだ。

重要語彙[分野別]

政治・政府・国会

■主権

sovereignty 主権(国)、統治権、君主であること

sovereign 主権・自治を有する、独立した

autonomy 自治(権)　demand autonomy from　〜からの独立を要求する

■長

premier （仏・伊・中国などの）首相、総理大臣、（カナダの）州知事

prime minister （英・カナダの）首相、（日本の）内閣総理大臣

commander-in-chief （陸・海・空全軍の）最高司令官
　＊米国大統領は全軍最高司令官となる。

governor （米国の）州知事、（日本などの）知事、（組織・官庁などの）長

mayor 市長、町[村]長、（地方自治体の）長

■役人

bureaucrat 官僚、官僚主義者　図**bureaucracy** 官僚、官僚主義[制度]

official 公務員、役人、職員、役員

officer 役人、公務員、役員、幹部

civil [public] servant 公務員

■国会・議会

congress （米国の）国会、連邦議会(C-)、（国や各界代表者などの）会議

the Diet （日本、デンマークなどの）国会

parliament (英国、カナダ)国会(P-)、議会
    dissolve the Diet [parliament] 国会を解散する

legislator 立法者、立法府(議会・国会など)の議員

ruling party 与党

opposition party 野党

faction (政党・政府・機関などの)党派、派閥

clique (排他的)徒党、派閥

city council 市議会

referendum 住民投票

heckler やじを飛ばす人

■議案

bill 議案、法案
    ＊国会などで議論される提案書。

resolution (議会などの)決議

policymaker 政策立案者

approve a bill 法案を承認する

pass a bill 法案を通す[可決する]

veto a bill 法案に拒否権を行使・発動する

enact a law 法律を制定する

enforce a law 法律を施行する

■政府

central-government 中央政府
    ＊国家行政の中心機関。

administration 行政、政府、内閣、政権　Obama administration オバマ政権

cabinet 内閣、(米)大統領顧問団 《英》閣議　reshuffle the cabinet 内閣改造をする

minister (英国・ヨーロッパ・日本などの)大臣

coalition 連立政権[内閣]、(政党などの)提携、連立
　　grand coalition 大連立(政権)　**rainbow coalition** 虹の連合(異なる人種や党の連合)

state government 州政府

municipality 地方自治体、市[町]当局

local government 地方自治体

local authority (英・ニュージーランドの)地方自治体

■政界

political arena 政治の舞台、政界

checks and balances 抑制と均衡
＊政治の健全な運営をはかるため、政府の各部門に相互の決定・施策を修正または拒否する権限を与えることで制限を課す。米国政治の基本原則。

corridors of power 政治権力の中枢
＊直訳は「権力の回廊」。"政治の重要決定がされる場所"や"権力の中枢にいる人々"を指す。

コラム　"機構・組織"と"体制側"を表す言い方

- **apparatus** (政治などの)組織、機構
　　bureaucratic apparatus　官僚機構
　　national-security apparatus　国家安全保障の組織
- **fabric** (建物・社会などの)構造、骨組み
　　fabric of society　社会の構造、社会組織
- **the system** (支配)体制、体制側、制度社会の権力
- **the establishment** (既成の)権力機構、体制、支配層

　例文　The establishment repeatedly played down the risks and suppressed information about the movement of the radioactive plume, so some people were evacuated from more lightly to more heavily contaminated places.

　体制側は、繰り返し危険を小さく思わせ、放射能の煙の移動情報を抑え込んで隠した。だから、汚染の低い地域から高濃度の場所へと避難した人もいる。

　　＊**play down** 重要でないように思わせる　**suppress** を鎮圧する、〈証拠などを〉隠す
　　　plume もくもく立ち昇る煙　**evacuate** 〜を避難させる

technocrat 技術系出身の官僚、テクノクラート。
＊高度な技術的専門知識を持ち、政策決定・実施に参画する上級職の技術官僚。

cronyism （官職任命の）友人びいき　図 **crony** 親友、旧友

nepotism （事業・政治などでの）身内・友人びいき、縁故採用

例文 The administration has been accused of nepotism and cronyism over the hiring of children of senior officials.
その政権は、政府高官の子息を雇用する身内びいきで非難されてきた。

crony capitalism 縁故資本主義
＊政府権力者とその親族や親しい知人の企業との癒着がビジネス成功の要となっている資本主義。

■政治体制・思想 1

democracy 民主主義

liberalism 自由主義

capitalism 資本主義

communism 共産主義

socialism 社会主義

populism ポピュリズム、人民主義、大衆迎合
＊金持ちやエリートでなく一般大衆の利益改善策で大衆動員する。

right wing 右派、保守派、資本主義者

left wing 左派、急進派、社会主義者、共産主義者

■政治体制・思想 2

regime 政治制度、（強圧的な）政権・政府

authoritarian regime 独裁主義政権、専制政権

totalitarian regime 全体主義体制

oligarchy 寡頭政治、少数独裁政治

monarchy 君主政治、君主国

aristocracy 貴族政治、上流[特権]階級、貴族

theocracy 神権政治　Islamic theocracy イスラム神政国家

■財政

revenue （国・地方自治体の）歳入、収入、総収益

> 例文 Overall revenue, at $1.2 billion, was stuck at last year's level and net income fell slightly, to $227m.
> 収入全体は12億ドルで去年のレベルに留まり、純利益はやや下がって2億2700万ドルとなった。

expenditure （国・地方自治体の）歳出、経費、支出

coffer （組織の）金庫、財源

budget deficit 財政赤字

budget surplus 財政黒字

public spending 公共支出

subsidy （国家が交付する）補助金、助成金

pork barrel 地方開発事業（補助金）
＊議員が選挙区で人気取りのために政府に出させる国庫交付金。

bailout （政府の経済援助による）緊急救済、金融支援

capital injection 資本の注入

> 例文 In exchange for the capital injection, which enables Tepco to continue as a going concern, the government will have a majority stake that gives it the right to choose board members and help determine the company's strategy.
> 東京電力が継続企業として存続できるようにするため、資本注入と引き換えに政府は過半数の株を取得し、取締役員を選び同社の戦略決定に手を貸す権利を持つことになる。
>
> ＊going concern 継続企業　board member 取締役会のメンバー

austerity 耐乏(の)、緊縮(の)　austerity measures 緊縮政策

■汚職・収賄

graft 汚職、収賄　動汚職・収賄する、不正な手段で金を得る

corruption 堕落、贈収賄、汚職、不正（行為）

bribe 賄賂　動賄賂を贈る

bribery 賄賂の授受行為、汚職
＊"賄賂"そのものはbribeを使う。offer [take] bribesで、「贈賄[収賄]する」の意味。

> 例文 Most firms have strict rules barring bribery.
> ほとんどの会社には賄賂を禁止する厳しい規則がある。

■権力

authority 権威、権力　the authorities 当局

political clout 政治的影響力

privilege 特権

prerogative 特権

mandate （職権による）命令・指令（書）、（選挙民から議員などへの）委任　動義務づける、命令する

> 例文 The dollar's position as the world's reserve currency is not mandated by any government.
> 世界の準備通貨がドルだとは、どの政府も義務付けているわけではない。
>
> ＊reserve currency 準備通貨　政府・中央銀行の外貨準備金における主な通貨。

重要語彙［分野別］

税

■税制・課税

taxation 課税、徴税、税制

impose [levy] a tax （〜に）課税する(on)

tax reform 税制改革

tax return （納税のための）所得申告(書)、納税申告(書)
＊政治家が自分の所得を明らかにするため納税記録として公開する場合がある。

tax break 税制上の優遇措置、減税措置

tax deduction 税控除(額)

tax evasion 脱税

■税金

levy 税金(の取り立て)　動課税する

consumption tax 消費税

VAT 付加価値税（=value-added tax）　＊日本の消費税にあたる。英と欧州の一部の国など。

sales tax 売上税　＊日本の消費税にあたる。主に米国。

income tax 所得税

property tax 財産税、固定資産税

corporate (income) tax 法人税（=corporation tax）

■税・その他

tax haven タックスヘイブン、租税回避地
＊税金がない、または税率が低い国や地域。ケイマン諸島、スイス、モナコ、リヒテンシュタインなど。
税金免除・軽減を目的に国外の会社がペーパー会社を置いて金融取引の中継地とする。

重要語彙 [分野別]

外交

■外交官

diplomat 外交官
＊大使・公使・領事などの外交使節とその職員。外国との交渉・交際に当たる。

ambassador 大使（to 駐在地）
Britain's ambassador to Germany ドイツ駐在の英国大使

embassy 大使館、大使と大使館職員

consul 領事
＊海外に駐在して自国の通商を促進し、自国民を保護する。

consulate 領事館、領事の職、領事館職員

diplomatic immunity 外交特権、外交官免責特権
＊逮捕・家宅捜索・課税などを免除されること。外交官などに与えられる特権。

persona non grata ペルソナ・ノン・グラータ（好ましからざる人物）
＊ラテン語。ウィーン条約で定められた外交官に対する措置。外交官が犯罪を起こした場合などに受入国が宣言(declare)する。派遣元国はその人物を召還または解任する。

■難民

refugee （戦争・災害などの）避難民、難民

fugitive 逃亡者、脱走者
＊警察から逃げている人。独裁政権などから逃げていれば"避難民・亡命者"も指す。

exile 国外追放(された人)、亡命者　動 ～を(国外に)追放する

political asylum 政治亡命、亡命国政府の保護
asylum-seeker 亡命希望者

extradition （他国からの逃亡犯などの）引き渡し、送還

■制裁

economic sanctions （〜に対する）経済制裁(against/on)
　impose [lift] sanctions　制裁を課す[解除する]

embargo （商船に対する政府の）出入港禁止、通商禁止
　＊禁輸など通商の停止の他に、資金の凍結なども含まれる。

■良好な関係・同盟

international community　国際社会

rapport　（親密で共感的な良い）関係、ラポール
　establish a rapport with　〜と良好な関係を築く
　rapprochement　（国家間などの）親交[友好]関係　＊発音注意 [ræprouʃmáːŋ]

ally　同盟国、連合国、協力者、味方

alliance　（国家間などの）同盟、連合

bilateral　両側の、双方の　a bilateral treaty　2国間条約
　＊unilateral　一方だけの、単独の　multilateral　多国間の

secession　（政党・教会・同盟などからの）脱退、分離
　例文　Were Taiwan to attempt formal secession from the mainland China could launch a series of pre-emptive strikes to delay American intervention.
　台湾が中国から公式に離脱しようとすれば、米国の介入を遅らせるために中国は先制攻撃をするだろう。
　＊pre-emptive strike　先制攻撃

■その他

social unrest　社会不安　＊unrest　不安、(社会的・政治的な)不安、不満、不穏
　例文　RT must find new jobs for any workers laid off, to avoid social unrest.
　RT社は社会不安を避けるため解雇した全労働者に新しい職を見つけるべきだ。

territorial dispute　領有権問題

classified document　機密書類　同 confidential document

intelligence　諜報、諜報機関、スパイ活動　intelligence agent　諜報員、スパイ

espionage　スパイ活動

mole （潜入している）スパイ、内通者　＊"モグラ"の意味から。
　divulge the identity of the mole　そのスパイの素性を暴く

decoy （おとりに使われる）鳥の模型、（警察などの）おとり
　例文 Air marshals thought that she could be a decoy, meant to distract the crew while someone else assembled a bomb.
　航空警察官は彼女をおとりかもしれないと思った。他の誰かが爆弾を組立てる間、乗組員の注意をそらすためだ。

muscle-flexing （武）力の誇示　＊筋肉（muscle）を動かして力を示すことから。
　例文 China was not just "muscle-flexing"; it was "internationalising" its claim to disputed territory.
　中国はただ武力を誇示したのでなく、係争中の領土を自国のものだとする主張を国際化したのだ。

backroom （政治などの）秘密会合の場所、（新製品などの）秘密研究所
　a backroom deal　密室の取引、裏取引

assassination 暗殺

選挙

重要語彙［分野別］

■いろいろな選挙

general election 総選挙
＊General Election Dayは米国の総選挙日（4年目ごとの11月の第1月曜日の翌日の火曜日）。

gubernatorial election 知事選挙
＊「(州)知事」はgovernor。

mayoral election 市長選
＊「市長」はmayor。

run-off 決戦投票
＊同点や規定の票数に達しなかった場合などに、最高位2名の間などで争われる。

by-election （英国議会などの）補欠選挙

special election （米国の）補欠選挙

recall election リコール選挙
＊公職者・機関の解職請求を受けて行われる選挙。

re-election 再選　run for re-election 再出馬する
例文 A first-term incumbent is running for re-election.
1期目の現職が再出馬している。

■選挙民

electorate （集合的に）選挙民、有権者

constituency 選挙区(民)

voting base 投票基盤

swing voter 浮動票投票者、無党派の人

■選挙活動

campaign trail 選挙遊説(の旅)

stump speech 選挙演説、政治演説
＊stump(切り株)の上に立って演説したことから。

smear campaign 中傷キャンペーン、中傷合戦
＊smear 「しみ、汚点」の意味となる。

campaign rally 選挙集会

party lines 党の基本方針、党の政策

wedge issue くさび型争点
＊選挙で陣営を分裂させるような意見の分かれる争点。

canvass (投票・支持など)を頼んで回る
canvass door-to-door 各家々を訪問して支持を頼む

charm offensive (選挙などでの)微笑攻勢
＊相手の心をつかむために意識的に親切に接すること。

politicking 政治運動、政治活動[工作]
＊票獲得や自分の政治的立場の宣伝のための活動。

■大統領

presidential election 大統領選挙

presidency 大統領[社長、学長]の地位[任期]
run for the presidency 大統領に立候補する

running mate (大統領候補に対する)副大統領候補

camp (集合的に)(主義・理想が同じ)同志、グループ、陣営
Obama camp オバマ陣営

inauguration (大統領・学長などの)就任(式)、(公共施設などの)開業(式)、落成

bully pulpit 公職の権威
＊自分の考えを大衆に伝え支持を集めることができる、影響力のある高い公的地位。

> 例文 He must use the bully pulpit effectively to rouse political support for his plans.
> 彼は自分の計画への政治的支持を呼び起こすため、その高い公的地位を有効に使わねばならない。

■候補選出

ticket 党公認候補者名簿、(集合的に)党公認候補者
> 例文 He is on the Republican ticket.
> 彼は共和党公認候補者だ。

pick 選択、自分の選んだもの、選ばれた人・物
> 例文 Mr Romney's pick is a boon to the campaign.
> ロムニー氏が選んだ(副大統領候補)者は、選挙運動にとって恵みとなる。
> ＊boon 賜物、恵み、恩恵

convention (米国政党の)党大会
＊党の大統領候補を正式に指名(nominate)する大会。
Republican national convention 共和党全国大会

caucus 政党の党員集会
＊候補者指名や代表者選出、政策方針決定などのための集会。

electoral college 選挙人団
＊米国大統領と副大統領を選ぶ代理人たち。前もって投票する正副大統領候補者を明らかにしている。一般有権者はこの代理人に投票することになる。

■候補者

candidate 候補者

candidacy (〜への)立候補 (for)　同 candidature《英》

nominee 指名・推薦された人

incumbent 現職の、在職の　名 現職者

sitting 在職中の、現職の
sitting member 現職議員

opponent (論争・競争・競技などの)対戦相手、敵、対立候補

opposite camp 反対陣営
＊camp = group of people

■投票

ballot box 投票箱
＊ballotは、投票用紙。

cast a vote 票を投じる

(voter) turnout 投票者数、投票率

neck-and-neck （競争で）接戦の、互角の
＊競馬で馬の首が並ぶ様子から。

too close to call 優劣不明の、接戦の
例文 The election is too close to call.
選挙は接戦で勝敗の予測がつかない。

landslide victory （選挙などの）圧倒的勝利

rig （価格・選挙などを）人為的[不正]に操作する
vote-rigging　投票操作、不正投票
rig elections　選挙で不正工作をする

■その他

tenure 任期、（不動産・地位・職などの）保有（期間）、（大学教員などの）終身在職権

first-termer 第一期目を務めている人

lobbyist ロビイスト
＊自分の団体に有利な政策を行わせようとロビー活動をする者。lobbyはその団体。

lame duck （再選挙に敗れた）任期満了前の議員、役に立たなくなった人・物
lame-duck president　再選挙に敗れ任期満了前の大統領

opinion poll 世論調査

real politics リアルポリティックス、現実主義政治
＊理念でなく現実の力関係や利益を重視した政治。

コラム

bread-and-butter issue （国民の）生活にかかわる問題

＊bread and butterは"バター付きパン"。毎日食べるものであることから、bread-and-butterは"仕事が生計のための"や"生活基盤にかかわる"という意味になる。

例文 Mr Capriles, a centrist former state governor, has focused on bread-and-butter issues like crime, unemployment, blackouts and inflation.
中道派である前州知事のカプリレス氏は、犯罪・失業・停電・インフレといった生活に関わる問題に焦点を絞った。

重要語彙 [分野別]

政変

■暴動

riot 暴動

mutiny 暴動、反乱

coup クーデター　同 coup d'état

popular uprising 大衆暴動、民衆蜂起

public outcry 一般市民の抗議(の声)

riot police (暴動を鎮圧する)警察機動隊　同 antiriot police

security force 治安部隊

anarchy 無政府状態、無秩序、混乱

looter 略奪者
　＊lootは動詞で「(戦争の時などに物品を)略奪する」。名詞で「戦利品、略奪品(=spoils)」。

■強権的

dictator 独裁者　同 autocrat、tyrant

crackdown 弾圧、厳重な取締り　**crack down on** 〜を厳しく取り締る、弾圧する

junta (クーデター後の)軍事政権　＊発音注意 [húntə]

under house arrest 軟禁されて、自宅監禁されて

heavy-handed 手荒い、圧制的な、強引な

■反対者

rebel (政府・権力・支配に対する)反逆者、反乱軍兵士　派 rebellious 反乱の、反抗的な

traitor 反逆者、裏切者

dissident 意見が違う人、反対者、反体制派
> China has jailed prominent dissidents and cracked down hard on protesters in Tibet.
> 中国は有名な反体制運動家を投獄し、チベットの抗議者たちを厳しく取り締まった。

insurgent 暴徒、反乱者　形 暴動の、反乱の

demagogue 扇動政治家、民衆扇動家

extremist 過激派（の人）

■打倒

regime change 政権交代

oust （地位・場所などから）追い出す
> The president was ousted and jailed.
> 大統領は地位を追われ投獄された。

topple （ぐらつかせて）倒す、（政府など）を転覆する、（人を権力の座から）引き降ろす
　topple [overthrow] the regime　政権を倒す

overthrow ひっくり返す、（政府など）を力ずくで転覆させる
> Protesters sought to overthrow the country's military rulers of six decades.
> 抗議者たちは、その国の60年に渡る軍事政権を倒そうとした。
> ＊military ruler　軍人である統治者

caretaker government 暫定政府　同 interim [provisional] government

■その他

sectarian 宗派の、党派の、派閥の　sectarian conflict　宗派間の争い

secular 非宗教的な、宗教と関係ない　反 religious
　secular-minded rebels　宗教的な考えではない反抗者

civil disobedience 市民的不服従
　＊非暴力手段(場所をバリケードで通れなくしたり不法占拠するなど)で政府や法律に対抗する。インドの非暴力抵抗運動や米の公民権運動などで用いられた。

self-immolation 焼身自殺　＊抗議を示す手段。

declare a state of emergency 非常事態を宣言する

重要語彙［分野別］

戦争・軍事

■戦争

wage (a) war 戦争をする
 wage the currency war 通貨戦争をする

conflict 争い、紛争、戦争
 an armed conflict 武力衝突

strife 争い、紛争　同 conflict
 Sunni-Shia strife スンニ派とシーア派（イスラム教の２大分派）の紛争

civil war 内乱、内戦
 ＊the Civil Warは、アメリカの南北戦争（1861–65年）となる。

cease-fire 停戦、休戦　同 truce

armistice 休戦、停戦

stronghold （戦いの）要塞、本拠地

fortress 要塞

battlefield 戦場　同 battleground、killing field、field of death
 例文 Europe is the main battleground for gas pricing.
  ヨーロッパはガス価格設定の攻防の主な舞台だ。

■殺戮

atrocity 残虐（行為）、極悪

massacre 大虐殺　同 slaughter

carnage （戦場などでの）大虐殺、殺戮

mayhem 大混乱　同 chaos

bloodshed 流血（の惨事）、殺戮

perish 死ぬ、消滅する

demise 死去、逝去

■武器

firearms 小火器
＊rifle、pistol、gun など。

(army) tank 戦車

(land) mine 地雷
lay mines on roads 道路に地雷を敷設する

warship 軍艦、戦艦

drone 無線操縦無人機
＊偵察だけでなくミサイルを搭載し攻撃するものもある。

ammunition 弾薬、戦闘手段

warhead 弾頭
＊ミサイルなどの頭の部分で、爆発物が入れられる。

ballistic missile 弾道ミサイル
intercontinental ballistic missile 大陸間弾道ミサイル(= ICBM)

missile battery ミサイルの砲台

missile range ミサイルの射程

torpedo 魚雷

weapon of mass destruction 大量破壊兵器(= WMD)

disarmament 武装解除、軍備縮小
nuclear disarmament 核軍縮

demilitarize (地域を)非武装化する、武装を解除させる

■軍隊

troops 軍隊

squad (軍の)分隊、(警察の特定任務の)捜査班、チーム

build-up (兵力などの)増強
buildup of military forces 軍隊の増強

brigade （戦闘単位の）旅団、大部隊
＊a fire brigade「消防隊」のように、軍隊式編成の団体にも使われる。

regiment 連隊
＊大佐(colonel)が指揮する。
a tank regiment 戦車部隊

battalion 大隊
＊3つ以上の中隊(company)から成る。

infantry （集合的に）歩兵、歩兵隊

militia 市民軍、民兵（組織）

mercenary 傭兵
＊外国軍隊に金で雇われた兵士。

conscription 徴兵（制度）
＊動詞はconscribe「徴兵する」。

the draft 徴兵

■攻撃

armour 〜を装甲する　図よろいかぶと、装甲（部隊）
armoured infantry brigades 機甲歩兵部隊

deploy （部隊など）配置につく[つかせる]、（兵器を）配備する
deploy anti-aircraft missiles 対空ミサイルを配備する

air raid 空襲
＊受けた側から見た場合。

air strike 空襲
＊攻撃側から見た場合。

military offensive 軍事攻撃、武力攻勢
＊「攻撃」はoffensive、attack、strikeなどが使われる。

shell 砲弾、砲弾を浴びせる

blitz （空からの）電撃攻撃、猛攻撃

barrage 弾幕射撃、（質問・不平などの）連発、集中砲火
artillery barrage 大砲の連続砲撃　a barrage of questions 質問の雨

ambush 待ち伏せ（攻撃）　動待ち伏せして襲う

provocation 怒らせること、挑発

D-day 作戦開始予定日
＊第二次大戦で連合軍がノルマンディ上陸作戦を開始した日にちなんで。

claim responsibility for 〜の犯行声明を出す、責任を認める

> 例文 Both the Free Syrian Army and an Islamist opposition group have claimed responsibility for the bombing.
> 自由シリア軍とイスラム教徒反体制派の両方が爆撃の犯行声明を出した。

explosive（device） 爆発物

detonate （爆弾・ダイナマイトなどを）爆発させる(explode)

> 例文 Terrorists detonated bombs.
> テロリストが爆弾を爆発させた。

suicide bomber 自爆テロ犯、自爆犯

IED 簡易爆発物（＝improvised explosive device）
＊手製の仕掛け爆弾など。軍隊が使う爆弾というよりテロリストが自作するような爆発物。

■その他

civilian （軍人や警官などに対して）一般市民、民間人

veteran 退役軍人

labour camp （囚人などの）強制労働収容所

POW 戦争捕虜（＝prisoner of war）

torture 拷問、責め苦

water boarding （拷問・自白強要などのために板に縛り付けての）水責め

colony 植民地

patriotism 愛国心

adversary 敵

> 例文 The admiral calls for a shift from relying solely on stealth to using stand-off weapons, fired from such a distance that adversaries cannot shoot back.
> 司令長官はステルス機のみから、敵が撃ち返せない距離から発射するスタンドオフ型兵器使用へと変更を求める。
>
> ＊admiral （艦隊の）司令長官　solely ただ1人で、単独で　fire （ミサイルや銃弾を）発射・発砲する

重要語彙［分野別］

企業・雇用・解雇

■不況

economic downturn 不況、不景気　同 economic slowdown［slump］

recession （一時的）不景気、景気後退、不況

depression 不景気、不況

sluggish 怠惰な、（動きが）のろい、不景気な
- 例文 If the world economy is sluggish, it is not weighing Microsoft down much.
  世界経済が不況でも、マイクロソフト社を大して圧迫しない。
  * weigh down ～を（重さで）押し下げる、圧迫する

stagnation （景気）停滞、不況、不景気

unemployment rate 失業率　同 jobless rate

■企業

founder 創設者、創立者、設立者

board of directors 取締役会、理事会

executive 経営幹部、重役
- chief executive（officer） 最高経営責任者（= CEO）

management （集合的に）経営陣
- labour and management 労働者と経営者

inner circle （組織の）幹部、権力中枢部の側近グループ
- 例文 His inner circle remains packed with old friends.
  彼の側近は古い友人だらけのままだ。

top brass 幹部、高級将校

headquarters 本社　同 head office

syndicate 企業連合、新聞雑誌記事配給業、犯罪組織(マフィアなど)

cartel カルテル
＊市場独占して競合を避けたり価格を操作するための同業者連合。

> 例文 The big four——E.ON, EnBW, RWE and Vattenfall——were still widely seen as a cartel.
> E.ON、EnBW、RWE とVattenfall社の4大企業は、まだなお広くカルテルとして見なされた。

antitrust law 独占禁止法

trustbuster (米連邦政府の)独禁法取締官

oligopoly (market) 寡占市場
＊少数の売り手による市場支配のこと。

monopoly 独占、独占企業

■業務関連

predecessor 前任者　反 successor 後任者

close [clinch/seal] a deal 取引[商談]をまとめる

high-end model 高性能モデル
＊high-endは最高級の、高額・高性能の意味。

quotation 見積もり　同 estimate

invoice インボイス、請求書
＊商品の納品書、明細書を兼ねる。

bounce the check 小切手が不渡りとなる

video conference テレビ会議

subcontractor 下請業者

chamber of commerce 商工会議所

■労働者

workforce (企業などの)全従業員、(国の)労働人口
＊労働人口とは、生産年齢人口(**working-age population**)(日本では通常15歳以上65歳未満)のうち、「就業者」と「完全失業者」の合計。

personnel (集合的に)全職員、全従業員

manual labour 手仕事、肉体労働

labour cost 人件費
 ＊human cost 「人的損失、(飢餓や事故などの)犠牲者」は、意味が異なるので注意。

labour union 労働組合

collective-bargaining (労使間の)団体交渉

■再編

restructuring (企業などの)再編成、再構築、リストラ(人員削減)

downsizing 小型化、合理化、人員削減

layoff レイオフ、(一時)解雇

■吸収合併

merger (企業や組織の)合併

acquisition (会社などの)買収
 M&A = merger and acquisition 合併吸収、合併と買収

consolidation 合併、(会社などの)整理統合

buyout (会社株の)買い占め、(企業の)買収
 management buyout マネジメント・バイアウト、自社株買い占め

takeover 支配権取得、企業買収、(会社の)乗っ取り

重要語彙[分野別]

銀行

■銀行

deposit 預金、手付金、頭金、堆積物 動預金する

fixed-rate 固定金利の

variable-rate 変動金利 同 adjustable-rate

overdraft 当座貸[借]越(高)
*預金残高以上の金を引き出すこと。銀行に借金していることになる。
> 例文 People's demand for loans and overdrafts has dropped 7% since last year.
> ローンや借越しの希望者は去年から7%下がった。

wire 電信で送金する[振り込む]、盗聴器を仕掛ける

remittance 送金

a bank run 銀行取りつけ騒ぎ
*銀行への信用不安から、預金者が払戻しを求めて店頭に殺到すること。

コラム

too big to fail 大き過ぎてつぶせない
* 金融関係で、大手銀行についてよく言われる。倒産時の影響が大きすぎるので、政府が財政的な緊急援助(bailout)をして救済することが多い。
> 例文 Lots of institutions had turned out to enjoy the backing of the taxpayer because they were too big to fail.
> 多くの(金融)機関は大き過ぎてつぶせないため、納税者の後ろ盾(税金を投入しての援助)を享受することとなった。

重要語彙[分野別]

融資・株式市場・投資

■融資

creditor 貸し主、債権者

debtor 借り主、債務者

security 担保(物件)、抵当

collateral 担保(物件)

down payment (分割払いの)頭金

(home) mortgage 住宅ローン

instalment 分割払いの一回分
　payments in monthly instalments 月賦の支払い

co-sign a loan 借金の連帯保証人になる、連署する

outstanding 未払いの、未解決の　同 unpaid
　＊未払い・未解決の案件は"outstanding「目立つ」"ことから。
　outstanding debt 未払いの借金、残債務

■返済不能

insolvency 支払い不能、債務超過、破産

refinance 再融資する、(ローンを)借り替える

underwater 市場価額が帳簿価格を下回る
　underwater homes 不動産の市場価値が下がり、売ってもローンが残る家

negative equity 負の資産
　＊ローンの額以下に不動産の市場価値が下がること。

foreclosure 差し押さえ
　例文 The house is in foreclosure.　その家は差し押さえられている。

bankruptcy 破産、倒産

■株式・債権

stock [equity] market 株式市場

stockholder 株主　同 shareowner

share 株、株式　同 stock

preferred share [stock] 優先株
＊配当や会社清算時などに優先的取扱を受ける株式。

equities 普通株

private equity 未公開株式

securities 有価証券

bond 公債、社債、債券

derivative デリバティブ、金融派生商品

dividend (株主への)配当(金)

yield (投資の)収益、利回り　動 (投資などが)利益を生じる
＊「利回り」は、債券や株式など有価証券の金利。
例文 Yields on Italian bonds fell sharply.
イタリア債権の収益は急落した。

portfolio ポートフォリオ
＊企業・個人などが所有する有価証券一覧表。

■株式市場

stock exchange 証券[株式]取引所

stock index 株価指数

bull market 上げ相場、強気の株式市場
＊雄牛(bull)は攻撃時に角を"上に突き上げる"ことから。

bear market 下げ相場、弱気の株式市場
＊熊(bear)は攻撃時に前足を"下に振り下ろす"ことから。

short selling 空売り

go public 株式を公開する、上場する

> **コラム**
>
> ## 上下幅にポイントを使う
>
> 上げ幅、下げ幅について、「ポイント(point)」を使うことがある。
>
> * 株式市場で「午前終値は、前週末比0.15ポイント高の746…」などと聞くことがあります。数値が上下幅なのか、上下した後のものなのかをうっかり間違えることがないように、幅についてはポイントをつけて言うのです。
>
> **例文** The interest rate paid by firms on bank loans has risen by 0.16 percentage points, to 3.12%, since June last year.
> 企業が銀行ローンに支払う利率は、昨年6月から0.16ポイント上昇して3.12パーセントとなった。

IPO 新規株式公開 (= initial public offering)
＊初めて自社株を売り出すこと。
file for an IPO IPOを申請する

list 〈株・証券を〉上場する
＊上場株の一覧表に載せる(list)ことから。
listed company 上場企業

futures market 先物市場

commodity market 商品市場
＊大豆や貴金属など農産物や鉱工業材料等の商品取引を行う市場。

speculator 投機家   動 speculate in [on] ～に投機する

例文 Declines in their stock prices may simply reflect the whims of speculators.
株価の下落は単なる投機家の気まぐれを表したものかもしれない。

＊whim 気まぐれ

■資本

capital 資本(金)、(株式)資産
a direct capital injection into (ailing) banks (経営難の)銀行への資本の直接注入

capitalise ～を資本化する(売ってお金にする)

market capitalisation 時価総額

例文 Apple's share price hit $665, giving it a market capitalisation of $623 billion.
アップル社の株価が665ドルとなり、同社の時価総額は6230億ドルとなった。

capital gain キャピタルゲイン
＊株や不動産など資本(capital)売却による利益。

undercapitalised 資本不足の
a undercapitalised bank 資本金不足の銀行

venture capital ベンチャー・キャピタル
＊高リスク高リターンである私企業への投資。

seed money (新事業のための)元手、資金

capital flow 資本移動、資本の流れ

capital flight (外国への)資本の逃避

private capital 民間の資本

■運用

personal finances 個人資産(の運用)

leverage 〜に借入金を利用して投資する
＊leverage「てこ(の力)」。他人資本(借入金)をてこにして自己資本を上げることから。名詞でレバレッジ(自己資本に対する借り入れ資本の割合)の意味もある。

deleverage レバレッジ外し・引き下げ
＊leverageしたものを売って資金回収する。

make a fortune ひと財産築く

robber baron 悪徳資本家
＊不正取引・搾取・乱開発など不法または不道徳な手段で富を得た資本家。

money laundering マネーロンダリング、資金洗浄
＊不正に手に入れた金を海外の銀行への送金などで出所を隠すこと。
launder money マネーロンダリングを行なう

重要語彙 [分野別]

会計

■会計

fiscal year 会計年度

quarter 四半期
＊会計年度を3ヵ月毎の4期に分けたもの。第一四半期は first quarter。

bookkeeping 簿記

accounting 会計(学)、経理
　　accountant 経理係

auditing 会計監査
　　auditor 会計検査官、監査役

stretch the budget 予算を(節約して)長持ちさせて使う

■収支

sales 売上高、売上数

revenue (会社などの)収入
＊複数形(-s)は 総収入となる。

profit 利益、収益

proceeds 売上高、収入

surplus 剰余(金)、黒字

net profit 純利益　同 net income
　　net 正味の

gross profit 総利益
　　gross 総計の

deficit 不足(額)、赤字

red ink 赤字
　　in the fourth consecutive year of red ink　赤字続きの4年目

break even 収支が合う(収支トントン)
　break-even (point) 損益分岐点

balance 収支残高、差引額
　＊収支のつり合い。

bottom line 最終的な収益・損益
　＊損益計算書(profit-and-loss statement)の最終行(bottom line)に書かれる数字。この数字は企業にとって非常に大切なことから、「肝心・重要なこと」の意味も。

offset ～を相殺する、差引勘定する

overheads 諸経費、間接費
　＊原材料費と労働費は含まれない。

> **例文** Overheads are higher as a proportion of revenues than at most of its rivals.
> 諸経費は、ほとんどのライバル会社よりも総収入比で高い。
> 　＊proportion 割合、比率

■年次報告書

assets 資産

liabilities 負債、債務

annual report 年次報告書

financial statement 財務諸表
　＊損益計算書、賃借貸借票、キャッシュフロー計算書など。

balance-sheet バランスシート、貸借対照表

profit-and-loss statement 損益計算書　(＝P/L statement)

重要語彙 [分野別]

産業

■産業

labour-intensive 労働集約型の、大きな労働力を要する

energy-intensive エネルギー集約型の、エネルギー大量消費の

auto industry 自動車産業

agroforestry 農林業

irrigation 灌漑(かんがい)

entrant 新しく入った人、新参者
　a new entrant to the market 市場への新規参入者

hollowing-out 空洞化
　hollowing-out of its manufacturing industries 製造業の空洞化

outsourcing アウトソーシング、外注、外部委託
　offshore outsourcing 海外への外注

■製造

manufacturer 製造業者、メーカー

assembly line (工場の)組立ライン

output 生産量、生産高　同 production

retool (工場などの)機械設備を新しく入れ替える

shutdown (工場などの)(一時)休業、操業停止、閉鎖

raw-materials 原料

重要語彙［分野別］

貿易

■貿易一般

trading company 貿易会社

trading partner 貿易相手国

trade deficit 貿易赤字

trade surplus 貿易黒字

trade imbalance 貿易不均衡　同 an imbalance of trade

redress the trade imbalance 貿易不均衡を是正する

tariff 関税(率)、(公共料金・ホテルなどの)料金表

dumping ダンピング、不当廉売
　＊海外市場におけるシェア拡大などのため、国内価格より大幅に安い価格で販売すること。

antidumping tariff [duty] 反ダンピング関税
　＊公平な競争を実現するため、安売り分を通常の関税に上乗せする形でかける関税。

■自由貿易

free trade 自由貿易

trade liberalisation 貿易の自由化　liberalise trade は「貿易を自由化する」

trade barrier 貿易障壁

protectionism 保護貿易主義、保護政策

重要語彙［分野別］

エネルギー・資源

■資源

fossil fuel 化石燃料
＊石油・石炭・天然ガスなど。

ore 鉱石
iron ore 鉄鉱石

mine 鉱山
a copper mine 銅山

barge （川・運河での）平底の荷船
a barge carrying iron ore 鉄鉱石を運ぶ平底荷船

rare earth レアアース
＊希土類元素。産業上重要な金属類であるレアメタルの一種。電気自動車のモーターなど省エネ家電などに使われている。

natural gas 天然ガス

shale gas シェールガス
＊岩盤の地層などに含まれる安価な天然ガス。

fracking フラッキング、水圧破砕　同 hydraulic fracturing
＊シェールガスの採取方法。化学物質を含む多量の水を使うため、汚染された排水による環境問題がある。

methane hydrate メタンハイドレート
＊海底に蓄えられた氷状の天然ガス資源。

■環境（問題）

green 環境に優しい、環境保護の
green technology 環境に優しい技術

landfill ごみ埋め立て（地）

wastewater 廃水、汚水

Part 3　エネルギー・資源

201

contamination 汚染

incinerator （ごみなどの）焼却炉

air pollution 大気汚染

biodiversity 生物多様性

■石油

crude oil 原油

oil rig 石油掘削装置

oil well 油井（ゆせい）
　drill the well　石油を採掘する

oil concession 石油採掘権

oil refinery 石油精製所

refined oil 精製油

petrol ガソリン　同 gasoline

prices at the pump ガソリン価格　同 gas prices
　＊ガソリンスタンド（petrol station）のポンプのところ（at the pump）での価格。
　the average price of a gallon of petrol at the pump　1ガロン当たりの平均ガソリン価格

bioethanol バイオエタノール
　＊トウモロコシなど植物由来のエタノール。ガソリンの代替燃料として注目されている一方、食料供給と競合する問題も指摘される。

maize トウモロコシ　同 corn

■地球温暖化

climate change 気候変動

greenhouse gases 温室効果ガス
　＊二酸化炭素、メタンなど。

carbon footprint カーボン・フットプリント、二酸化炭素排出量
　＊商品の製造から廃棄までに排出される二酸化炭素の総量。

carbon emissions 炭素排出

> ### global warming 地球温暖化　　コラム
>
> 化石燃料の使用によって排出された温室効果ガスにより、大気の温室効果(greenhouse effect)が進み、気温が上昇する。気温上昇に伴い、氷床・氷河の融解や海水の膨張により海面上昇が起こる。他にも異常気象(extreme weather)や生態系(ecosystem)への影響(生物種の絶滅等)など様々な問題が指摘されている。国連機関のIPCCは、このまま対策を講じなければ今後100年で地球の平均気温は最大6.4度上がると予測している。
>
> **IPCC** 気候変動に関する政府間パネル
> = Intergovernmental Panel on Climate Change

emissions trading 排出権取引
＊汚染物質を排出する権利を市場で売買すること。

carbon offset カーボンオフセット
＊排出した温室効果ガスを、植林活動など別のところで削減することで、相殺(offset)する取り組み。

carbon tax 炭素税
＊環境税とも呼ばれる。CO_2を排出する石油・石炭など化石燃料にかかる税。

ice sheet [北極・南極を覆う]氷床
＊海温上昇(rising water temperature)による融解が問題となっている。

heat wave 熱波
＊近年米国で多発する異常な熱波は、温暖化の影響だと言われる。

■発電

power company 電力会社　同 power utility

power generation 発電

wind farm 風力発電基地[地帯]

wind turbine [発電用の]風力タービン
wind-turbine blades 風力タービンの翼、羽根

solar farm 太陽発電基地[地帯]

solar panel ソーラーパネル

blackout 停電

■エネルギー源

thermal power 火力

hydroelectric power 水力

nuclear power 原子力

geothermal power 地熱

tidal power 潮力

renewable energy 再生可能エネルギー
　＊太陽、風力エネルギーなどのエネルギー源。

sustainable energy 持続可能なエネルギー
　＊renewable energy（再生可能エネルギー）とほぼ同義で使われる。

■放射能

radioactive 放射性の、放射能のある

radiation 放射、放射能

radiation exposure 放射線被ばく

> 例文 They demanded clarity on the safe level of radiation exposure, especially for children and pregnant mothers.
> 彼らは、特に子供と妊婦の安全な放射線被ばく量について明確にするよう求めた。
>
> 　＊clarity （論理・表現などの）明瞭さ、明確

half-life 半減期
　＊放射性物質の元素の数が半分になるまでの期間。

重要語彙[分野別]

IT・インターネット

■インターネット

go viral （インターネットなどで情報が）急速に広まる
＊ウイルス（virus）のように広がることから。

crowd-funding クラウドファンディング
＊インターネットで呼びかけ、不特定多数の支援者から資金を集める。

例文 She initiated crowd-funding for a new bike lane in Berlin.
彼女はベルリンに新しい自転車専用道路を設けるためクラウドファンディングを始めた。

cloud computing クラウド・コンピューティング
＊ソフトウェアやデータを各自のパソコンではなくネットワークを介して共同利用するシステム。

crowdsourcing クラウドソーシング
＊インターネットを通じて、不特定多数の人々に仕事を依頼すること。誰もが無料で自由に編集に参加できるオンライン百科事典のWikipediaが一例。

e-commerce 電子商取引

intranet イントラネット
＊企業内のコンピューターネットワーク。

unique visitors ユニーク・ビジター数、ウェブサイトへの訪問者数
＊同じ人が何回訪れても1回として数えた数。

コラム

the Wild West （開拓時代の）米国西部地方って？

開拓時代の西部は、カウボーイの撃ち合いなど無法で未開だったことから、秩序がなく乱暴でなんでもありの場所のたとえとして使われることがある。インターネットのWWW(= World Wide Web)を、Wild Wild Westの略として皮肉る人もいる。

例文 "Mobile is the Wild West," says Ran Avidan.
「モバイル界は西部開拓時代だ」とRan Avidan氏は言う。

■携帯

app アプリ、アプリケーションソフト［プログラム］
 a mobile-phone app 携帯電話のアプリ

overload ～に荷を積みすぎる、負担をかけすぎる
 overloaded mobile-phone network 負荷がかかり過ぎた携帯電話網

text message 携帯メール

texting 携帯メールを送ること［行為］

■機器

digital device デジタル機器

glitch 小さな技術上の問題、欠陥、故障
 a computer glitch コンピューターの故障

technical hitch （機械の故障による）一時停止、中断、障害

lithium ion battery リチウムイオン電池

reboot （コンピューターを）再起動する、リブートする

> 例文 When software in a medical device malfunctions, the consequences can be far more serious than just having to reboot your PC.
> 医療機器のソフトが誤動作すれば、PCを再起動するだけよりはるかに重大な結果をもたらす。
>
> ＊malfunction 正しく作動しない、誤動作（する）

computer geek コンピューターおたく　同 computer nerd

> 例文 Many underemployed geeks began hunting down viruses almost as a hobby.
> 不完全就業で働く多くのコンピューターおたくが、ほとんど趣味でウィルスを捜し当て始めた。
>
> ＊underemployed 不完全就業の（能力以下の仕事、またはフルタイムで働けるがパートで雇われていること）

■犯罪

cyber crime サイバー犯罪、インターネットでの犯罪

cyber attack サイバー攻撃
 ＊標的のコンピューターに不正アクセスし、データの詐取や破壊、改ざんなどを行う。

cyber bullying ネットいじめ
　＊ネット上のブログやメールを使って行われるいじめ。

identity theft 個人情報の盗難、なりすまし犯罪（= ID theft）

phishing フィッシング詐欺
　＊銀行やクレジット会社のウェブを偽装し、銀行口座や暗証番号などを入力させて盗み取る。

■ブログ

post （インターネットなどに情報を）掲載する、投稿する

social networking service ソーシャルネットワーキングサービス（= SNS）
　＊twitter、facebookなど。

microblog マイクロブログ、ミニブログ
　＊百数十字程度の短文を投稿し合うTwitterなどのブログ。
　a rant on his microblog　マイクロブログでのわめき散らし

blogosphere ブロゴスフィア、ブログの世界
　＊blog（ブログ）とsphere（活動範囲、領域）の造語。

netizen ネットワーク市民
　＊network + citizenの造語

troll 釣り、荒らし　⬛挑発的なメッセージを投稿する
　＊ネットの掲示板などに場を荒らすため煽るようなメッセージを投稿すること。

重要語彙 [分野別]

災害

■災害

natural disaster 自然災害

quake 地震　同 earthquake

aftershock 余震、余波

flood 洪水

deluge 大洪水、豪雨

drought 干ばつ

famine 飢饉(ききん)

wildfire 山火事
＊通常、落雷・摩擦などで自然的に発生する。

avalanche 雪崩

landslide 地滑り、がけ崩れ

desertification 砂漠化

■被災

afflicted area 被災地

devastated area 被災地

evacuation centre 避難所

shelter 避難所、保護施設

rescue operations 救出作戦、救助作業

relief activities 救援活動

humanitarian aid 人道的援助

重要語彙［分野別］

事件・事故

■死傷者

casualty （事故・戦争などでの）死傷者

the injured （集合的に）負傷者　同 injured people

death toll 死亡者数

body count 死者数

corpse 死体
　＊婉曲表現ではbodyを使う。

paramedic 救急医療隊員、救急救命士

ambulance 救急車

bereaved family 遺族

■薬物

drug ring 麻薬組織

drug cartel 麻薬組織　同 narco cartel

drug lord 麻薬密売組織のボス

narcotics 麻薬　同 narco

marijuana マリファナ、乾燥大麻

cannabis 大麻　同 hemp

opium アヘン

poppy ケシ、ポピー
　＊ケシの1種（opium poppy）からアヘンが採れる。

■密輸

smuggle 密輸する
 drug smuggling 麻薬の密輸

illegal trafficking 違法取引、違法売買

human trafficking 人身売買

trafficker 密売人
 drug trafficker 麻薬の売買人

checkpoint 検問所

interdiction 禁止（命令） 同 ban
 the interdiction of the opium business アヘン取引の禁止

■悪者

villain 悪党、悪者、（劇・小説などの）悪役

thug 悪党、暴漢　類 thuggery 暴行、殺人

crook 悪党、詐欺師、泥棒
 例文 Her hope is that mobile and other technologies will expose the routes that crooks use to smuggle children across countries and borders.
 彼女の望みは、モバイルなどの技術が、悪党が国境を越えて子供たちを密入国するルートを暴くことだ。

■犯罪者

suspect 容疑者

criminal 犯罪者

accomplice 共犯者

offender 犯罪者、違反者

culprit 犯罪者、犯人

murderer 殺人犯
 ＊murder（殺害）＋ -er（する人）

bandit 盗賊、強盗　同 robber　類 banditry 山賊行為、強盗

ex-convict 前科者

wanted list 指名手配者リスト

■犯罪

offense 罪、違反、反則

transgression 違反、犯罪

organised crime 組織犯罪

attempted murder 殺人未遂

felony 重罪　類 felon 重罪犯人

first-degree murder （米国の）第1級殺人
　＊最も重刑の殺人。

assassination 暗殺

conspiracy 陰謀、共謀

heist 強盗（= robbery）　＊発音注意 [háist]

extortion 強奪、ゆすり・恐喝　同 blackmail

assault 〜を激しく襲撃する

under duress 強迫されて、強制されて

slay 〜を殺す　類 slayer 殺害者（= killer）、殺人犯

arson 放火（罪）

kidnapping 誘拐

ransom 身代金

hostage 人質

cover-up attempt 隠蔽工作

■捜査

police raid （〜への）警察の手入れ (on)

informer 情報提供者、密告者

Part 3　事件・事故

211

tip-off 内報
   ＊tip off「内報する、密告する」という意味

interrogation 尋問、取り調べ

come clean 白状する、本当のことを言う

turn oneself in 自首する、出頭する

seizure 差し押さえ、押収(物)、発作

confiscate 押収・没収する

seize つかむ、奪う、逮捕する　(= arrest)

apprehend 逮捕する、理解する、心配する
   apprehend the suspect　容疑者を逮捕する

custody 拘留、監禁、(未成年者の)保護、監督
   in custody　拘留されて

コラム
marshalは軍司令官とは限らず、町の警察官なども

軍隊の階級名は国ごとに違い、また数も多く複雑ですが、軍以外でも使われる用語があります。marshalは軍の「司令官」以外に、米国では「警察官、保安官(sheriff)、消防署員」を指します。

air marshal は「航空警察官」で、ハイジャックやテロ防止のため銃を所持して私服で旅客機に搭乗します。

例文 A Delta Air Lines flight from New York to Madrid was forced to turn around after a federal air marshal saw "suspicious wires" in a lavatory.
ニューヨーク発マドリード行のデルタ航空機は、連邦航空警察官がトイレで"怪しい針金"を見つけた後、引き返さねばならなかった。

　＊lavatory　トイレ

> **コラム**
>
> ## Ponzi scheme ポンジ・スキーム
>
> 出資金詐欺・投資詐欺（investment scam）の1つ。ねずみ講（Pyramid scheme）と訳されることもあるが階層的でない手口も含む。この手口を使ったアメリカ巨大金融詐欺の犯人が、元NASDAQの会長である実業家バーナード・マドフ（Bernard Madoff（米発音はメイダフ））。2009年に150年の禁固刑判決を受けた事件は有名。
>
> **例文** If you look at government debt as a Ponzi scheme, you always need new investors so that you can repay the old.
> 国債をポンジ・スキームとみれば、以前の投資家に返済できるよう常に新しい投資家が必要だ。

■詐欺

fraud 詐欺、詐欺師、

scam 信用詐欺、ぺてん

swindle （金などを）だまし取る　図**swindler** 詐欺師、ぺてん師

con artist 詐欺師、ぺてん師

■偽物

counterfeit goods 偽物

fake goods 偽物、模造品

pirated goods 海賊版

bootleg 無許可で製造・販売されたもの、（CDなどの）海賊版、密造酒

genuine 本物の

authentic 本物の

重要語彙［分野別］

法律・裁判・起訴

■法律

abide by the law 法律を守る

violate （法律・協定など）に違反する

loophole （法律などの）抜け穴
　exploit legal loopholes 法の抜け穴を利用する

constitutionality 合憲性、合法性

uphold (the constitutionality of) the law 法律（の合憲性）を支持する

travesty （本来の意図を）歪曲した茶番、曲解、まがいもの
　travesty of justice 法を歪曲した茶番

due process (of law) 法に基づく適正手続
　＊人が刑罰を受けるときは法の手続きに従って行わなければならないこと。

■裁判所

court 法廷、裁判所、（集合的に）裁判官

tribunal 裁判所、法廷
　international tribunal 国際法廷

supreme court 最高裁判所
　appeal to the Supreme Court 最高裁に上告する

lower court 下級裁判所

higher court 上級裁判所

■訴訟

lawsuit 訴訟、告訴　同 suit

file a suit 〜を告訴する（against 相手）

class action lawsuit 集団訴訟

accusation 告発、告訴、起訴（= charge）

prosecution 起訴（手続き）

litigation 訴訟

indictment 起訴（手続き）、起訴状　＊発音注意 [indáitmənt]

allegation （まだ証拠のない）申し立て、（訴訟当事者による）主張、供述

appeal 上訴する

out-of-court settlement 和解、示談

■審理

judicial 司法の、裁判の
　judicial system 司法制度

judge 裁判官、判事、審判員
　＊通常、陪審（jury）が有罪か無罪かを評決する（verdict）。量刑は判事（judge）が決めて刑を宣告する（sentence）。

jury （集合的に）陪審、陪審員団
　＊一般市民から選ばれる。陪審員1人ひとりはjuror。

grand jury 大陪審
　＊陪審員が刑事事件を起訴するか否かを決定する（米国）。

preliminary hearing 予審

court hearing 法廷審問、尋問

summon 〜を召喚する、呼び出す、裁判所への出頭を命ずる
　例文　He was summoned to two court hearings.
　　　　彼は尋問のため2回裁判所へ呼び出された。

■法廷

plaintiff 原告、起訴人

defendant 被告

prosecutor 検察官、検事

the prosecution （集合的に）検察側、検察当局

the defense 被告側、弁護人[団]

arraignment 罪状認否手続
＊法廷に被告人を召喚して、罪状の認否を問う手続き。

on trial 裁判にかけられて、公判中で

bail 保釈、保釈金
　on bail 保釈中で

plea agreement 司法取引

■証言・証拠

testimony 証言、（法廷の）宣誓証言

take the stand 証言台に立つ、証人になる

bear witness 証言する、証人となる

anecdotal evidence 事例証拠
＊逸話（anecdote）の形式の情報で主観的なものとされる。科学的根拠（scientific evidence）の反対語として使われる。

> 例文 There is anecdotal evidence that corruption is rife in most industries that interact with the government.
> 政府とのやり取りがある業界の多くに、汚職が蔓延していることを示す事例証拠がある。

benefit of the doubt 疑わしきは罰せず
＊証拠不十分の場合は被告に有利に解釈すること。

beyond reasonable doubt 合理的疑いの余地なく
＊有罪立証するときなど。

■判決

acquittal 無罪判決、無罪

conviction 有罪判決、有罪

convict （裁判官・法廷が）有罪判決を下す　図 有罪判決を受けた者、服役囚

> 例文 juveniles convicted of capital murder
> 死刑に値する殺人で有罪になった青少年たち
> ＊juvenile 少年少女、青少年（minor）

rule （裁判官・議長などが）裁決する、判決を下す
　例文 Judges often rule against the government.
　　　判事はしばしば政府に不利な裁定を下す。

ruling （裁判官などの）裁定、決定、支配、統治

verdict （陪審員が下す）評決
　＊有罪（guilty）か無罪（not guilty）かなど。
　hand down a not guilty verdict　無罪の評決を下す

sentence 刑を宣告する　图刑の宣告
　例文 He was sentenced to life in prison.
　　　彼は終身刑を下された。

probation 執行猶予
　on probation　執行猶予で

suspended sentence 執行猶予（付きの判決）

■刑に服す ─────────────

serve time 服役する

life in prison 終身刑

capital punishment 死刑　同 death penalty

impunity 刑罰をうけないこと
　with impunity　罰を受けずに

parole 仮釈放、仮出獄

重要語彙 [分野別]

人権・教育

■権利

civil rights 公民権、人権　＊人種・性別・宗教に関わらず法的・社会的・経済的平等の諸権利。

individual liberty 個人の自由

violation 違反　violations of human rights 人権侵害

breach 違反　breach of privacy プライバシーの侵害

infringement （法規）違反、権利侵害　patent infringement 特許権侵害

gender equality 男女平等

patent 特許(権)、パテント

intellectual property right 知的所有権

copyright 著作権

■学校

pupil 生徒、児童　＊米国では小学生、英国では小・中・高校生を指す。

report card 成績通知表　同 school report

grade （小・中・高校まで通しての）学年、成績
　＊小学から高校までを、1年級から12年級までで表す。7th-grade student（7年生）は日本の中学1年生に相当。

K-12 幼稚園(kindergarten)から12年生(日本の高校3年生)まで

term （3学期制の）学期　同 trimester
　＊英国では3学期(term)、米国では2学期(semester)または3学期(trimester)制が一般的。

semester （2学期制の）学期

mandatory [compulsory] education 義務教育

■大学・人

principal 校長、学長

dean （大学の）学部長、（学生指導にあたる）学生部長

associate professor 准教授

faculty （大学の）学部（department）、（集合的に）学部教授陣、全教員

sabbatical 研究休暇、サバティカル
  ＊大学教員に対する旅行・研究・休息のための休暇。
  on sabbatical 研究休暇中で

graduate 卒業生、大学院生（postgraduate）

undergraduate （大学の）学部学生

dropout 中退者、ドロップアウト

fraternity 男子学生社交クラブ、友愛会
  ＊sororityは「女子学生社交クラブ」

hazing （学生社交クラブなどの新入会員に対する）しごき、いじめ

Ivy League アイビーリーグ
  ＊米国北東部の一群の名門大学。ハーバード、エール、プリンストン、コロンビアなどの大学。

  例文 Many of the foreigners graduating from America's Ivy League universities now choose to go home without even applying for a green card.
  米国の名門大学を卒業した外国人の多くは、今や永住ビザの申請すらせずに母国へ戻る。

コラム 学年ごとの学生の呼び方

米国では、大学の学年ごとに以下のような呼び方がある。

大学1年生	**freshman**	大学3年生	**junior**
大学2年生	**sophomore**	大学4年生	**senior**

例文 "Just to be on a bus, and everyone's Jewish—that's very comforting," says Rose, a sophomore at Tufts University.
「バスに乗るだけでも全員がユダヤ人で、とても快適だ」と、Tufts大学2年生のRoseは言う。

■単位・成績

credit 履修単位、（科目の）履修証明

bachelor's degree 学士号

phD 博士号（= Doctor of Philosophy）

GPA 成績評価点平均（= grade point average）
＊各科目の成績から換算された成績評価の値。留学や就職などの際、学力を測る指標となる。

SAT （米国の）大学進学適性テスト（= Scholastic Assessment Test）

■その他

student loan 教育ローン
＊米国では学費が高く、多くの学生が教育ローンを利用し、卒業後も長く返済を続ける。

academia （大学などの）学究的世界、学問の世界

ivory tower 象牙の塔
＊現実社会から離れた世界、学問の世界。

> 例文 Parisian opinion is convinced that if Sergey Brin's father had picked France instead of America after leaving Russia, the son would have become an ivory-tower computer scientist instead of co-founding Google.
>
> パリ市民たちは、もしセルゲイ・ブリンの父親がロシアを離れた後、米国でなくフランス行きを選んでいたら、息子はグーグルの共同設立者でなく大学のコンピューター科学者になっていただろうと確信している。

prom プロム
＊米国の高校などで学年末に正装で行うダンスパーティーのこと。

重要語彙［分野別］

社会・福祉厚生

■人口統計

census 国勢調査

demography 人口統計（学）　派 **demographer** 人口統計学者

fertility rate 出生率

declining population 人口減少

ageing population 高齢化（する人口）

single-person household 単身世帯

■福祉・援助

welfare 福祉援助、生活保護、福利　同 **well-being**

unemployed 失業した、仕事のない

unemployment benefits 失業手当

pension 年金、恩給　類 **pensioner** 年金受給者

soup kitchen （貧困者のための）無料食堂、炊き出し所

philanthropy 慈善（事業）、博愛　派 **philanthropic** 慈善（事業）の

raise funds 基金を集める、資金を調達する

Peace Corps （米国の）平和部隊
　＊発展途上国で産業・農業・教育などを援助する米政府後援の民間ボランティア団体。corpsはコラム（p.222）を参照。

> ## コラム
> ### corpsは「(同一活動をする人々の)団体」
>
> フランス語で、発音は [cɔ́ːr] となる(最後の-psは無音)。
>
> press corps「記者団」、diplomatic corps「外交団 (= diplomatic body)」
> 軍事関係では兵団や部隊などを指し、the U.S. Marine Corpsは「米海兵隊」。
>
> **例文** In the past two years about a quarter of recruits for its elite corps of international managers were British.
> 過去2年間、国際マネージャたち精鋭集団の新入社員のうち、4分の1は英国人だった。
>
> * recruit 新入社員、新人

■階級

class system 階級制度

class warfare 階級闘争　同 class struggle

ruling class 支配階級

hierarchy 階層制度、職階級、ヒエラルキー

middle income bracket 中間所得階級、中産階層(middle class)

social mobility 社会的流動性
　＊世代に渡っての社会的地位の移動。流動性が低い社会では、低所得者は世代を超えても低所得者となりやすい。

aristocrat 貴族、上流階級の人

caste system カースト(制度)

■移民

immigrant 移民
　illegal immigrant 不法入国[滞在]者、不法移民

immigration status 在留資格

migrant 渡り鳥、移住者、出稼ぎ労働者

illegal alien 不法在留外国人

deportation (外国人などの)国外追放、強制送還

expatriate 国外在住者、海外駐在員

> 例文 Non-Muslim expatriates in Saudi Arabia were recently warned to observe Ramadan, the month-long fast that started last week, or face being deported.
> サウジアラビアに住むイスラム教徒でない国外在住者は最近、先週始まった1か月間断食するラマダンを行わなければ国外追放だと通告された。
>
> ＊observe（法律など）を守る　fast 断食（する）　deport（国外に）追放する、強制送還する

immigrate（他国へ）移住する、入植する
　＊視点は"他国に入る"こと。

emigrate（自国を離れて）移住する
　＊視点は"自国を出る"こと。

■貧困

impoverished 貧困に陥った

starvation 餓死、飢餓、窮乏

child labour 児童労働

sweat shop 労働搾取工場
　＊低賃金、悪条件で労働者を長時間働かせる工場。

slavery 奴隷であること、奴隷制度　図slave 奴隷

running water 水道水、流水
　have no running water（住居などに）水道がない

重要語彙 [分野別]

宗教・倫理

■宗教

sect 分派、宗派　a Buddhist sect 仏教宗派　radical Islamist sect イスラム過激派

devout 信心深い、敬虔な　a devout Catholic 敬虔なカトリック教徒

ritual 儀式、儀式の

piety 敬虔、信心、信心深い行為

clergy （集合的に）聖職者、牧師たち

priest 聖職者、牧師、僧侶、神官

martyr 殉教者

Judaism ユダヤ教　類 Jew ユダヤ人

diaspora 離散して他国に住むユダヤ人たち、移住者集団

> 例文 In the diaspora Jewish life has never been so free, so prosperous, so unthreatened.
> 離散ユダヤ人の地域社会における生活は、それほど自由で繁栄し脅威がないという状況だったことはない。

fundamentalism （イスラム教）原理主義、根本主義
＊根本主義：創造説など聖書の記事を文字どおり信ずるのが信仰の根本とする。進化説を否定する。

■イスラム教

Islam イスラム教、（集合的に）全イスラム教徒

Muslim イスラム教徒、イスラム教の

mosque モスク、イスラム教寺院

Ramadan ラマダーン　＊イスラム暦の第9月。日の出より日没まで断食する。

jihad ジハード　＊イスラム教徒の聖戦。　類 jihadist ジハードを行う人

burka ブルカ　＊目だけを出して全身をすっぽりと覆う外衣。イスラム教徒の女性が外出時に着る。

重要語彙[分野別]

文化・メディア

■聖書・神話から

Herculean task 非常に困難な仕事
　＊ヘラクレス（Hercules）のような大力を要する。

Sisyphean task 果てしない無駄な仕事
　＊シーシュポス（Sisyphus）王は罰として、運んでは落ちる大岩を山頂に運び続けた。

David and Goliath ダビデとゴリアテ
　＊旧約聖書で少年ダビデが巨人戦士ゴリアテを倒すことから、小さな者（David）が大きな者（Goliath）を倒すことに例えられる。

　例文 Technologies are shifting power from a few Goliaths to many Davids.
　　　テクノロジーにより、少数の大企業から数多くの中小企業へと権力が移りつつある。

nemesis 勝敵、大敵
　＊ギリシア神話で、ネメシスは復讐の神を指す。

■映画

box-office （劇場、コンサートホールなどの）切符売り場

box-office takings 興行収入
　＊takingsは売上げ高。

blockbuster （映画・本の）大ヒット作

Hollywood A-lister ハリウッドの大物（俳優・女優・監督）
　＊A-listerはトップクラスの大物。

■メディア

the media マスメディア、マスコミ　同 mass media

media blackout 報道管制[規制]

media blitz マスコミ攻勢、大々的な報道活動

media hype マスコミの誇大な宣伝・報道

media hoopla マスコミの過熱報道

media scrutiny メディアの詮索・監視

fad 一時的流行

buzzword 流行語

■放送

broadcast （人・放送局が）放送する

air 放送[放映]する

correspondent 特派員

press conference 記者会見

exclusive interview 独占インタビュー

publicity 世間に広く知れ渡ること、宣伝、広報

media exposure メディア露出、マスコミに取り上げられること

健康・医療

重要語彙［分野別］

■疾患

stroke 脳卒中

heart attack 心臓発作　同 cardiac attack

diabetes 糖尿病

hepatitis-B B型肝炎

tuberculosis 結核（= TB）

sclerosis 硬化症

heatstroke 熱射病、熱中症

dehydration 脱水（症）　動 dehydrate 脱水する

convulsions けいれん、ひきつけ（fit）

inflammation 炎症

allergy アレルギー　be allergic to ～に対してアレルギーがある

malnutrition 栄養失調［不良］

hypothermia 低体温症

obesity 肥満

overweight 太りすぎの（人）

anorexia nervosa 拒食症

bulimia 過食症

autism 自閉症

ailment （重くない）病気

complications 合併症

after-effects 後遺症

endemic その土地固有の　endemic disease 風土病
pre-existing condition 既往歴、持病

■癌

carcinogen 発がん物質
chemotherapy 化学療法
malignant tumour 悪性腫瘍
benign tumour 良性腫瘍

■臓器移植

organ transplant 臓器移植
kidney 腎臓
donor ドナー
recipient 受取人、臓器受容者、レシピエント
immune system 免疫システム

■血管

blood vessel 血管　dilation of blood vessels 血管の拡張
artery 動脈　hardened arteries 動脈硬化
vein 静脈
white blood cell 白血球

■細胞組織

tissue （細胞の）組織　cancerous tissue がん組織
membrane 薄膜、膜　cell membrane 細胞膜
molecule 分子　water molecule 水分子
organism 有機体

enzyme 酵素

■病原菌

germ 細菌

microbe 微生物

bacteria バクテリア

E. coli 大腸菌

strain 血統、(遺伝)菌株、型、(ウイルスの)株　drug-resistant strains 耐性菌

variant (他とは少し)異なる物、変体、変異体

mutate 突然変異する[させる]

antibiotic 抗生物質

■伝染性

contagious 接触伝染性の

infectious 伝染性の　図infection 感染、汚染

epidemic (病気が)流行している、流行　an HIV epidemic HIVの蔓延

pandemic (病気が)全国[世界]的に流行している

outbreak (戦い・火事・悪疫などの)突発、発生　an outbreak of cholera コレラの発生

■その他

vital signs 生命徴候、バイタルサイン　＊脈拍(pulse rate)、呼吸(respiration rate)、体温(temperature)、血圧(blood pressure)など。

birth control 産児制限(の方法)、避妊

contraception 避妊(法)

placebo プラシーボ　＊有効な薬効成分を含まない偽薬。臨床試験の対照剤、または心理的効果(プラシーボエフェクト)を期待して使われる。

control group 対照群　＊対照のための非実験グループ。薬を投与されない被験者の群。

重要語彙［分野別］

科学

■遺伝

gene 遺伝

genetic mutation 遺伝子の突然変異

genetically modified crop 遺伝子組み換え作物

human genome ヒトゲノム ＊発音注意 [dʒíːnoum]
　＊genomeはゲノム（全遺伝情報）のこと。

sequence 順番に並べる、〜を配列する

sequence a genome ゲノムの(塩基)配列を決定する

chromosome 染色体
　X-chromosome X染色体

heredity 遺伝

genetic engineering 遺伝子工学

■宇宙開発

space exploration 宇宙開発

rover 惑星探査機、さまよう人
　NASA's Curiosity rover 米航空宇宙局の惑星探査機「キュリオシティー」

probe 宇宙探査用ロケット、宇宙探測機

orbit 軌道

astronaut 宇宙飛行士

spacecraft 宇宙船　同 spaceship

astronomer 天文学者

重要語彙［分野別］

ビジネスで使えるフレーズ

sales pitch （商品の）売り込みの口上　[同] sales talk

> Few sales pitches are as persuasive as a recommendation from a friend.
> 友人からの推薦ほど説得力のあるセールストークはない。
> * persuasive 説得力のある

cost-effective 費用対効果の高い　[同] cost-efficient　[名]cost-effectiveness 費用対効果

> The article argues that family planning is a cost-effective health intervention—producing $1.40 of benefits for each $1 spent.
> 記事によると、家族計画は費用対効果の高い保健介入だ。1ドルの出費に対して1.40ドルの利益を生む。

profit margin 利幅、利ざや

> The lower profit margins available in developing markets may have discouraged P&G's brand managers from expanding in them.
> 低い利幅が、P&G社のブランド担当部長に、途上国市場への進出を思いとどまらせたのかもしれない。

recoup one's losses 損失を取り戻す

> To recoup some of its losses, the bank is planning to stop offering free basic checking accounts.
> 損失をいくらか取り戻すため、その銀行は当座預金口座を無料で提供するのを止めるつもりだ。
> * checking account 当座預金口座

drive a hard bargain 自分に有利に商談を進める

> Syria's fractious Kurds have united in driving a hard bargain.
> 自分たちに有利に取引を進めるために、シリアの気難しいクルド人が団結した。
> * fractious 怒りっぽい、気難しい　unite 結合する、団結する

Part 3　ビジネスで使えるフレーズ

231

hard sell 売れ行きの悪い品、受け入れ難いこと、強引な売り込み(をする)

例文 Despite her skill set she would be a "hard sell" because she had been out of work for more than six months.
スキルはあるが半年以上も無職だったので、彼女は"なかなか売れない"だろう。

competitive edge 競争力

＊edgeは「優位、強み」。competitive priceは「競争力のある[他社に負けない]価格」。

例文 Cheap shale gas is giving American chemical companies a competitive edge over foreign rivals.
安価なシェールガスのおかげで、アメリカの化学薬品会社は外国のライバル企業よりも競争力で優位に立っている。
　＊give ~ an edge　~を優位に立たせる

The competition is fierce. 競争は激しい。

＊fierceは「獰猛な、すさまじい」。intense「激しい、強度の」でもOK。

例文 Competition to lure Chinese tourists has become fierce.
中国人観光客を呼び寄せる競争が激しくなってきた。
　＊lure　~を誘惑する、誘い出す

increase one's presence 存在感を高める

例文 Mahesh Krishnan, who heads Samsung's home-appliances division in India, hopes to increase the firm's presence in rural shops.
インドでサムスン社の家電部門を率いるMahesh Krishnan氏は、地方での同社の存在感を高めたいと望んでいる。
　＊home-appliances division　家電部門　　rural　田舎の、農村の

trial and error 試行錯誤

例文 After some trial and error, they hit on a mixture which matches the traits of human vocal cords.
数々の試行錯誤の後、彼らは人の声帯特性に合致する調合を見つけた。
　＊hit on　~を思いつく、出くわす　　trait　特徴、特性　　vocal cord　声帯

achieve the goal 目標を達成する

例文 The firm made clear that growth in emerging markets would be crucial to achieving its goals.
その会社は、新興国市場での成長が自社の目標を達成するのに極めて重要だと明らかにした。

reach a record high 過去最高に達する
a record low 過去最低

例文 Chinese oil imports reached a record high in May.
中国の石油輸入量が5月に過去最高に達した。

---

golden opportunity 絶好のチャンス、千載一遇の好機

例文 America's politicians look like missing a golden opportunity to restore the country's finances.
米国の政治家たちは国の財政を再建する絶好のチャンスを逃したようだ。
＊restore もとに戻す、回復する

---

take on （仕事・責任などを）引き受ける　同 undertake

例文 Mrs Merkel is worried about the risks her country would be taking on.
メルケル首相は、自国が負うであろうリスクを心配している。

---

take over （職務などを）引き継ぐ　同 succeed to

例文 Wayne Swan, the treasurer, will take over as deputy prime minister.
財務相のWayne Swan氏は、副首相を引き継ぐだろう。
＊treasurer 財務相、会計係

---

in-person 本人が直接出向いての、直の
＊in person 直に

例文 Some argues that videoconferencing is less productive than in-person meetings.
テレビ会議は直接出向く会議よりも生産性が低いと主張する人もいる。

---

in writing 書面で、文書で

例文 The patient must request euthanasia twice orally and once in writing.
患者は口頭で2回、書面で1回、安楽死を要請しなければならない。
＊euthanasia 安楽死（= mercy killing）　orally 口頭で

join forces (with) （〜と）力を合わせる、協力する

同 work together、cooperate、collaborate、join hands など。

例文 Nissan, as well as joining forces with Renault, has joint projects with Daimler.
日産は、ルノー社との提携に加えて、ダイムラー社との共同事業を行う。
＊as well as 〜に加えて、〜と同様に

underlying cause 根本にある原因、根底の問題

root cause 根本的原因
address the underlying causes (of) （〜の）根本問題に対処する（下のコラム参照）

work out （問題を）解く、解決する、理解する

例文 The company is beginning to work out what these extremely demanding customers want.
その会社は、要求が非常に厳しい顧客たちが望むものがわかりかけている。
＊extremely 極度に、極端に

figure out 〜を解明する、理解する、考え出す

例文 They have to figure out where to spend money and effort most effectively.
どこに資金と労力を最も効果的に使うかを、彼らは考えださねばならない。

コラム 多義性の単語は、広いイメージを持っておこう

動詞 address にはいろいろな意味があります。重要なのは以下の3つですが、いずれも対象物に"面と向かって働きかける"イメージです。記事の英語は特に単語が比ゆ的な意味で使われることが多いですが、広いイメージで単語の意味を捉えておくと対応しやすくなります。

- 〈問題〉に取り組む
    address an issue 問題に取り組む
- 〈人〉に向けて話す
    address an audience 聴衆に演説を行う
- 〈手紙など〉に宛名を書く
    address a letter 手紙の宛名を書く

Part 3 ビジネスで使えるフレーズ

streamline （仕事・組織などを）能率的にする、簡素[合理]化する
 ＊「流線形にする」ことから。リストラの婉曲表現として使われることもある。

> 例文 He streamlined the process by which customers can buy e-books.
> 彼は顧客が電子ブックを購入する手続きを簡素化した。

---

do more harm than good 益よりも害が大きい、益となるよりも害となる
反 do more good than harm 害よりも利益が大きい

> 例文 Incredibly strict anti-corruption rules will do more harm than good.
> 非常に厳しい汚職対策法は、効果よりもむしろ害となるだろう。
> ＊incredibly 信じられないほど、とても

---

be in the best interest (of) （～にとって）最大の利益になる

> 例文 A single-minded pursuit of growth may not be in shareholders' best interest.
> ひたすら成長を追い求めても、株主の最大利益にはならないかもしれない。
> ＊pursuit 追跡、追求

---

roll out （新製品などを）売り出す、（市場で）本格展開する、量産する

> 例文 An anti-dandruff shampoo designed for China is now being rolled out in America.
> 中国向けに考案されたふけ防止シャンプーが、今アメリカで売り出されている。

Index

A

a bank run 192
a bunch of 144
a given 79
a host of 93, 144
a raft of 67
a slew of 144
a snowball's chance (in hell) 167
a spate of 67, 95
a sprinkling of 71
a vein of frustration 71
abandon 111
abhor 118
abide by the law 214
abolish 103
abominate 118
absolve 117
abundance 143
abundant 143
academia 220
acclaim 110
accommodations 140
accomplice 210
accomplish 104
accomplishment 104
according to 24
accounting 197
accusation 215
achieve 104
achieve the goal 232
acknowledge 111
acquisition 139, 191
acquit 117
acquittal 216
active ingredient 77
adamant 145
add insult to injury 160
address a letter 234
address an audience 234
address an issue 234
adherent 128
adjustable-rate 192
administration 170
admonish (of) 116
adversary 129, 188
advocacy 128
advocate 128
affianced 89
affiliate 54
affirm 105
afflict 109
afflicted area 208
affluent 160
after-effects 227
aftershock 208
ageing population 93, 221
agenda 69
aggravate 98, 99
agile 153
agitator 129
agonise 119
agony 133
agroforestry 199
ailment 227
air 226
air pollution 202
air raid 187
air strike 187
airline 54
aka 24
akin to 69
alight 75
all the more reason to do 26
allay 98
allegation 215
alleged 23
allegedly 24
allergy 227
alleviate 98
alliance 177
ally 21, 129, 177
also known as 24
alter 100
alter-ego 168
amaze 118
ambassador 176
ambiguous 148
ambivalent 148
ambulance 209
ambush 187
amiable 145
amicable 145
ammunition 186
among others 75

ample 143
an array of 75
an imbalance of trade 200
anaemic 95
anarchy 183
anecdotal evidence 216
anguish 119
animosity 133
annihilation 138
annoy 109
annual report 198
anorexia nervosa 227
antagonist 129
antibiotic 229
anti-dumping duty 83
antidumping tariff [duty] 200
anti-malarial (drug) 77
antipathy 133
antitrust law 190
anxiety 137
apathetic 148
APEC 61
apocalyptic 154
app 206
appalling 149
apparatus 171
apparent 89
apparently 24
appeal 215
appetite 95
applaud 110
apportion blame 157
appreciation of the yen (against the dollar) 48
apprehend 212
apprehension 137
approve a bill 170
Arab Spring 44
arcane 151
archival 129
aristocracy 172
aristocrat 222
armistice 185
armour 187
army tank 186

arraignment 216
arrest 212
arrogance 140
arson 211
artemisinin-combination therapy 77
artery 228
ASEAN 61
Asia-Pacific Economic Cooperation 61
ask for 115
aspiring 69
assassination 178, 211
assault 75, 211
assembly 130
assembly line 199
assess 117
assets 198
associate professor 219
Association of South East Asian Nations 61
assume 121
assumption 131
astonish 118
astonishing 77
astound 118
astronaut 230
astronomer 230
at stake 161
at the height of 58
at the helm (of) 162
atrocity 185
attain 49, 104
attempted murder 211
auditing 197
austerity 173
austerity measure 47
authentic 142, 213
authenticity 142
authorise 58
authoritarian regime 172
authority 174
autism 227
auto industry 199
autonomy 169
avalanche 208

awful 149

B

b/d 25
bachelor's degree 220
back 111
backdrop 127
backfire 95
backlash 135
backroom 178
bacteria 229
baffle 119
bail 216
bailout 173
bail-out 48
balance 198
balance-of-payments 81
balance-sheet 198
balk (at) 102
ballistic missile 186
ballot box 181
ban 210
bandit 210
banditry 210
bandwagon 73
bang for the buck 163
Bank of England 46
Bank of Japan 46
bankruptcy 193
barge 83, 201
barrage 187
bash 79
basket-case 164
battalion 187
battlefield 185
be associated with 124
be in the best interest (of) 235
be liable to do 95
be replete with 126
be rife with 126
bear 67
bear market 194
bear out 124
bear witness 216

beat   65, 107
beg   115
behemoth   56
Beijing   17, 41
benefit   75
benefit of the doubt   216
benign tumour   228
bereaved   91
bereaved family   209
betrothal   95
bewilder   119
beyond reasonable doubt   216
bias   134
bickering   132
big boy   56
big name   56
bilateral   81, 177
bill   170
billion   25
biodiversity   202
bioethanol   202
birth control   229
black art   91
blackmail   211
blackout   203
blemish   130
B-list   71
blitz   187
blockbuster   225
blogosphere   207
blood vessel   228
bloodshed   185
blue state   36
bluff   140
blunder   132
blunt   69
blurred   148
bn   25, 91
board of directors   189
boast   120
body count   209
BOE   46
BOJ   46
bolster (up)   101
bona fide   142

bond   194
bookkeeping   197
boom   100
boost   83, 101
bootleg   213
botch   29, 132
bottleneck   130
bottom line   198
bottom out   126
bounce back   65
bounce the check   190
bout   69
box-office   225
box-office takings   225
brag   120
bravado   140
breach   218
bread-and-butter issue   182
breadbasket   32
break even   198
bribe   173
bribery   173
BRICs   33
brigade   187
brilliant   77
bring about   104
brisk   153
Britain   43
broadcast   226
brutal   150
budget deficit   173
budget surplus   173
build-up   186
bulimia   227
bull   67
bull market   194
bully pulpit   180
bungle   132
bureaucrat   169
bureaucrat-led   71
burka   224
Burma   33
burnish   113
bush   75
business   53

business cycle   51
but for   71
buttress   101
buyout   191
buzzword   226
by and large   91
by one estimate   24
by-election   179
bypass   58, 115

C

cabinet   170
calamity   138
calculate   117
callous   150
calm down   123
camouflage   114
camp   180
campaign rally   180
campaign trail   180
cancel out   119
candidacy   181
candidate   181
cannabis   209
canvass   180
capital   195
capital flight   48, 196
capital flow   196
capital gain   196
capital goods   81
capital injection   173
capital punishment   217
capitalise   195
capitalise on   102
capitalism   172
capitulate   118
carbon emissions   202
carbon footprint   93, 202
carbon offset   203
carbon tax   203
carcinogen   228
cardiac attack   227
caretaker government   184
carnage   185

carrier 54
carry out 104
cartel 190
cash in on 102
cash-strapped 153
cast a vote 182
caste system 222
casualty 209
cataclysm 138
catastrophe 138
catch on 89
caucus 181
cease-fire 185
celibacy 95
census 50, 221
central bank 45
central-government 170
CEO 189
chain reaction 165
chalk up 125
chamber of commerce 190
champion 111
charge 215
charm offensive 180
charter school 38
check 101
checkpoint 210
checks and balances 171
chemotherapy 228
chief executive (officer) 189
child labour 223
chilling 145
Chinese Communist Party 41
Chinese People's Liberation Army 41
chromosome 230
circumvent 115
city council 170
civil disobedience 184
civil rights 218
civil war 185
civil [public] servant 169
civilian 188
claim responsibility for 188
clampdown 136

clash 137
class action lawsuit 215
class struggle 222
class system 222
class warfare 222
classified document 177
clergy 224
climate change 202
clique 170
close [clinch/seal] a deal 190
cloud computing 205
coalition 171
coffer 173
cold sweat 85
collapse of the Soviet Union 42
collateral 193
collective-bargaining 191
collision 137
colony 188
come clean 212
command 132
commander-in-chief 169
commend 110
commission 100
commit 99
commitment 99
commodity market 195
commodity prices 50
communism 172
competitive edge 232
complications 227
compliment 110
compound the problem 99
computer geek 206
computer nerd 206
con artist 213
conceal 114
concern 85
condemn 116
confirm 93, 105
confiscate 212
conflict 185
conglomerate 54
congress 169

Congressman 35
conjugal 91
conquer 87, 108
conquest 108
conscription 187
consent to 111
consequence 135
console 79
consolidation 191
conspicuous 149
conspiracy 211
constituency 179
constitutionality 214
constraint on 32
consul 85, 176
consulate 176
Consumer Price Index 50
consumer spending 50
consumption tax 175
contagious 229
contaminate 121
contamination 202
contemplate 104
contorted 151
contraception 229
contradictory 148
control group 229
convention 130, 181
convict 216
conviction 216
convulsions 227
copious 143
copyright 218
corn 202
Corn Belt 32
corporate (income) tax 175
corporate Goliath 55
corporate titan 56
corporation tax 175
corps 222
corpse 209
correspondent 226
corridors of power 171
corroborate 105
corrupt 121

Index

239

corruption   173
co-sign a loan   193
cost-effective   231
cost-effectiveness   231
cost-efficient   231
counterbalance   119
counterfeit   77
counterfeit goods   213
coup   183
court   214
court hearing   215
courteous   145
cover-up attempt   211
CPI   50
crackdown   83, 136, 183
crash   137
credibility   139
credit   220
credit easing   47
creditor   193
criminal   210
cripple   109
criteria   137
critical   142
critique   116
crony capitalism   172
cronyism   172
crook   210
crooked   151
crossroad   45
crowd-funding   205
crowdsourcing   205
crucial   142
crude oil   44, 202
cruel   146, 150
crumble   121
cry wolf   160
crystallise   93
culprit   210
curb   101
currency   48
currency devaluation   48
currency revaluation   48
curry favour with   123
custody   212

cut loose   126
cyber attack   206
cyber bullying   207
cyber crime   206
cynic   140
cynical   140
cynicism   140

D

dark art   91
daunted   85
daunting   151
David and Goliath   225
dawdle   114
D-day   188
de facto   155
dead end   132
deadlock   132
deal with   100
dean   219
death penalty   217
death toll   209
debtor   193
deceit   140
decent   81
declare a state of emergency   184
declining population   221
decoy   178
decree   132
decry   116
default   47
defeat   107
defect   130
defendant   215
defense   216
deficit   197
deflation   51
defunct   151
defy   116
dehydrate   227
dehydration   227
deleverage   196
deliberate   104
deluge   208

demagogue   184
demilitarize   186
demise   186
democracy   172
Democrat   35
demographic statistics   50
demography   50, 221
demolish   106
demolition   138
denounce   116
dent   106
deploy   187
deployment   77
deportation   222
deposit   192
depreciation of the yen   48
depression   189
deride   117
derivative   194
descend   107
desertification   208
destruction   138
detached   147
determined   34, 145
detest   118
detonate   188
devalue   48
devastate   106
devastated area   208
devastating   106
developed country   21
developing country   21
devolve   69
devout   146, 224
diabetes   227
diagnostics   77
diaspora   224
dictator   183
dictatorship   69
Diet   73, 169
digest   79
digger   85
digital device   206
dilute   126
diminish   120

dip 107
dip one's toe into 159
diplomat 176
diplomatic immunity 176
dire 149
disarmament 186
discard 112
disciple 69
disclose 114
disconcerting 81
discontent 71
discouraging 151
discrepancy 81
disgrace 135
disguise 114
dishonour 135
disintegrate 121
disinterested 147
dismantle 69
displace 31
dispose of 112
disrupt 113
disruption 113
disruptive 113
dissident 184
distilled 34
distinguish 93
ditch 112
dividend 194
divulge 114
do away with 111
do more good than harm 235
do more harm than good 235
Doctor of Philosophy 220
dodge 115
dominate 79
domino effect 165
donor 228
dot-com 54
Dow Jones Industrial Average 38
down payment 193
Downing Street 22
downside 128
downsizing 191

draft 187
drawback 93, 128
dreadful 149
drift 71
drive a hard bargain 231
drive a wedge in 159
drone 186
dropout 219
drought 31, 208
drug cartel 209
drug lord 209
drug ring 209
drugs 37
drum up 85
dub 71, 115
due process (of law) 214
dull 148
Duma 42
dumbfound 118
dump 112
dumping 200
dusty 85
dwelling 93
dwindle 120

E

E. coli 229
e.g. 24
earthquake 208
ease 98
ease monetary policy 46
ebb 120
ECB 46
eclipse 79, 109
e-commerce 205
economic downturn 189
economic fundamentals 51
economic growth 50
Economic Partnership Agreement 62
economic power 20
economic sanctions 177
economies of scale 51
economy 20
edict 132

elation 127
electoral college 181
electorate 179
elicit 112
eliminate 112
embargo 177
embark on 105
embarrassment 135
embassy 176
embed 106
embellish 117
emerging country 21
emigrate 223
eminent 149
emissions trading 203
en bloc 155
en masse 156
enact a law 170
end up with 123
endemic 228
endgame 135
endorse 110
endorsement 110
endure 120
energy-intensive 199
enforce a law 170
engage in 124
engaged 89
engulf 107
enmity 133
ennui 71
enormous 49
enrage 40, 112
enraged 112
ensnare 91
entitle 115
entrant 199
entrepreneur 127
entrepreneurship 26
enzyme 229
EPA 62
epidemic 229
equilibrium 141
equities 194
equivalent to 162

241

equivocal 147
equivocate 148
eradicate 112
espionage 177
espouse 111
essential 142
establishment 171
estimate 190
EU 43
euphoria 127
euphoric 127
European Central Bank 46
European Union 43
evacuation centre 208
evade 115
evaluate 117
evangelical 69
evasive 148
evoke 112
exacerbate 99
exaggerate 117, 113
exceed 109
excel 109
exchange rate 48
exclusive interview 226
ex-convict 211
excruciate 119
exec 23
executive 23, 189
exile 176
exonerate 117
expat 23
expatriate 23, 223
expedite 98
expenditure 173
expertise 87
exploit 91, 102
exploitation 102
explosive (device) 188
extinct 151
extortion 211
extradition 176
extremist 184
extrinsic 152
exultation 127

F

fabric 171
facilitate 98
facilitator 98
faction 170
factor in 77
faculty 219
fad 226
fade away 123
fake goods 213
fall into disrepute 58
fall short of 157
falter 122
famine 208
fan the flames 103
far from 89
far from over 67
fault 130
faux pas 132
FDI 85
feasibility 131
Federal Reserve Board 46
Federation Council 42
felon 211
felony 211
fence-sitter 158
fertility rate 221
fetter 91
feud 133
fiasco 138
field 69
figure out 234
file a suit 214
file for Chapter 11 36
finance 85
financial crisis 48
financial statement 198
fine line 165
firearms 186
firebrand 129
firm 53
First Amendment 36
first-degree murder 211

first-termer 182
fiscal year 197
Fitch Ratings 57
fixed-rate 192
flagrant 150
flatter 123
flaw 130
flee 120
flirt with 83, 124
flood 208
flourish 100
flout 116
fluctuate 122
foe 129
foil 102
foment 103
for example 24
for good 163
for starters 69
for years to come 21
force 58
forecast 31
foreclosure 193
foreign direct investment 85
foreign exchange 48, 83
foreign-exchange reserves 47
forgo 111
former Soviet bloc 32
forthcoming 147
fortress 185
Fortune 500 company 39
fossil fuel 201
founder 189
fracking 201
fragment 121
frame of mind 136
fraternity 79, 219
fraud 213
FRB 46
free ~ to do 93
free trade 200
Free Trade Agreement 62
frenzy 134
freshman 219
frighten 113

fringe 138
frontier 79
frustrate 102
FTA 62
fugitive 176
fundamental 142
fundamentalism 224
furious 146
fury 134
futures market 195

G

G8 Summit 60
G20 Summit 60
gaffe 132
Gallup Poll 57
gambit 131
game changer 163
gap between the rich and the poor 37
gaping 152
gas prices 202
gasoline 202
gathering 130
gauge 117
GDP 50
gender equality 218
gene 230
General Assembly 59
general election 179
generous 143
genetic engineering 230
genetic mutation 230
genetically modified crop 230
genuine 142, 213
geothermal power 204
germ 229
Germany 43
get hitched 95
ghetto 71
giant 55
give a bloody nose 81
give in 118
given 81
gizmo 67

glitch 206
global financial crisis 39
global warming 203
go belly up 87
go hand in hand 91
go public 194
go through the ceiling [roof] 105
go viral 205
golden opportunity 233
Goliath 55
Gov. 23
government bond 47, 87
governor 169
GPA 220
grade 218
grade point average 220
graduate 219
graft 173
grand jury 215
grant 95, 111
grapple with 100
Great Recession 39
green 201
green belt 32
greenhouse gases 202
grief 133
grim 149
Gross Domestic Product 50
gross profit 197
groundswell 128
growl 79
gubernatorial election 179
Gulf 89
Gulf States 31
gun-related crime 37

H

hail 110
hair-raising 71
half-life 204
hamper 102
hang around [about] 114
hard currency 21
hard sell 232

hard-headed 67
harness 103
harp on 125
hate 118
hatred 133
haunt 110
have a stake (in) 157
have the upper hand 158
hazing 219
hazy 148
head of state 42
head office 189
head wind 165
headquarters 189
heap praise on 73
heart attack 227
heat wave 203
heatstroke 227
heavy-handed 183
heckler 170
hedge one's bets 157
heinous 150
heist 211
hemp 209
hepatitis-B 227
Herculean task 225
heredity 230
heritage 141
heroic 75
hide 114
hierarchy 222
high-end 81
high-end model 190
higher court 214
hinder 102
hindrance 102
hitch 130
hobble 122
holding company 54
hollowing-out 199
Hollywood A-lister 225
home 21
home mortgage 193
Horn of Africa 31
horrendous 145

horrific 145
hostage 211
hostile 145
hostility 133
House of Representatives 35
hubris 140
human genome 230
human trafficking 210
humanitarian aid 208
humiliation 135
hydroelectric power 204
hype 67
hyperinflation 51
hypothermia 227
hypothesis 131

I

IAEA 60
ICBM 186
ice sheet 203
ID theft 207
identity theft 206
ie 24
IED 188
if given the chance 85
if it is any comfort 89
illegal alien 222
illegal trafficking 210
IMF 60
immerse 107
immigrant 37, 222
immigrate 223
immigration status 222
imminent 147
immune system 228
impartial 147
impartiality 147
impasse 132
impede 102
impediment 130
impending 147
imperative 142
imperil 144
impious 146

implant 106
implement 16
implications 135
impose [levy] a tax 175
impoverished 223
improvised explosive device 188
impulse 83
impunity 217
in a bid to do 161
in equal measure 34
in general 91
in its entirety 77
in limbo 162
in the limelight 162
in the pipeline 161
in the spotlight 162
in theory 154
in time for 73
in writing 233
inadequate 143
inauguration 180
inborn 152
incense 113
incinerator 202
incite 103
inclination 134
income disparity 37
income tax 175
increase one's presence 232
incumbent 181
indicate 104
indictment 215
individual liberty 218
induce 112
industrialised country 21
inert 148
infamous 149
infantry 187
infection 229
infectious 229
inflammation 227
inflation 51
informer 211
infringement 218

infuriate 146
inherent 152
inhibit 101
iniquitous 81
initial public offering 195
initiate 105
injured 209
injured people 209
innate 152
inner circle 189
in-person 233
inquiry 53
insecticide 77
insolvency 193
instalment 193
instigate 103
instigator 129
instill 106
insufficient 143
insurgent 184
intangible 150
intellectual property right 218
intelligence 177
interdiction 210
interest rate 46
interference 137
Intergovernmental Panel on Climate Change 203
International Atomic Energy Agency 60
international community 177
International Court of Justice 59
International Monetary Fund 60
interrogation 53, 212
intervene (in) 137
intervention 48, 75, 137
intimate 95
intimidate 113
intimidation 113
intranet 205
intrinsic 152
inundate 107
inverse 91
investment bank 54

invoice 190
IPCC 203
IPO 195
irate 146
irk 112
iron ore 83
irony 140
irrigation 199
irritate 109
Islam 224
Ivory Coast 31
ivory tower 220
Ivy League 219

J

jeopardy 144
Jew 224
jihad 224
jobless rate 189
join forces (with) 234
Judaism 224
judge 215
judicial 215
juggernaut 56
jump on the bandwagon 158
junior 219
junta 183
jury 215
jury is out on 71
jury is still out (on) 166

K

K-12 218
kidnapping 211
kidney 228
knock-on effect 165
kowtow 122
Kremlin 22
Kuomintang 40

L

label 83, 115
labour camp 188

labour cost 191
labour union 191
labour-intensive 16, 199
lag behind 124
laissez-faire 156
lame duck 182
lament 79
land mine 186
landfill 201
landslide 208
landslide victory 182
languid 148
latent 151
launch 105
lawful 144
lawsuit 214
lay off 16
layer 140
layoff 191
left wing 172
legacy 87
legislation 26
legislator 170
legitimacy 144
legitimate 58, 144
lengthy 153
lethargic 148
level of income 49
level off 121
leverage 196
levy 175
liabilities 198
liberalise 79
liberalise trade 200
liberalism 172
life in prison 217
linger 114
liquidity 48
list 195
listed company 54, 65
listless 148
lithium ion battery 206
litigation 215
LNG 20
loads of 144

loathe 118
lobby 77
lobbyist 182
local 81
local authority 171
local government 171
lodging 140
loiter 114
loner 93
lone-ranger 91
longevity 91
long-term interest rate 46
loom 122
loophole 214
looter 183
lopsided 79
lose steam 45
lost decade 52
love-in 79
lower court 214
lower [reduce/slash] interest rates 46
low-hanging fruit 163
lumber 153
lumbering 153
lump together 19
lurch 108

M

m 25
M&A 191
macabre 145
macroeconomics 52
mainstream 73
maize 202
make ~ worse 99
make a fortune 196
make inroads (into [on]) 159
make it to 34
make one's mark 71
make-up 79
malfunction 130
malicious 146
malignant tumour 228
malnutrition 227

management 189
mandate 174
mandatory [compulsory] education 218
manual labour 191
manufacturer 199
manufacturing 81
margin of error 165
marginal 147
marginalize 147
marijuana 209
market capitalisation 65, 195
market(-oriented) economy 51
marshal 212
martyr 224
mass media 225
Massachusetts Institute of Technology 23
massacre 185
match 129
materialise 67, 77
matrimony 91
mayhem 185
mayor 169
mayoral election 179
meagre 143
measure 117
media 225
media blackout 225
media blitz 225
media exposure 226
media hoopla 226
media hype 226
media scrutiny 226
mediation 137
member country 62
membrane 228
menace 144
mercenary 187
merciless 150
merger 191
merger and acquisition 191
methane hydrate 201
microbe 229
microblog 207

microfinance 52
Middle East 44
middle income bracket 222
Middle Kingdom 33
migrant 222
military offensive 187
militia 187
million 25
mine 186, 201
mineral 83
minister 170
misery 133
misfire 95
misgivings 136
misleading 49
missile battery 186
missile range 186
MIT 23
mob 19
mock 116
mole 178
molecule 228
monarchy 172
monetary policy 46
money laundering 196
money supply 46
monolith 152
monolithic 152
monopoly 190
Moody's Corporation 57
mortgage 193
Moscow 17, 42
multinational 54, 83
multiply 91
mundane 71
municipality 171
murderer 210
muscle-flexing 178
muse 104
Muslim 224
mustard-keen 85
mutate 229
mutiny 183

N

NAFTA 62
name-calling 164
narco 209
narco cartel 209
narcotics 209
nascent 152
Nasdaq Composite Index 38
national anthem 69
national income 50
National People's Congress 41
NATO 61
natural disaster 208
natural gas 201
neck-and-neck 182
nefarious 150
negative equity 193
negligible 79
nemesis 225
nepotism 172
net income 197
net profit 197
netizen 207
neutralise 119
New York City Police Department 23
newbie 69
nimble 153
nimby 167
9/11 39
nominal GDP 50
nominee 181
Nor does it include… 77
North American Free Trade Agreement 62
North Atlantic Treaty Organization 61
nose-dive 107
notable 73, 149
notably 149
notorious 149
notwithstanding 85
NPC 41

NPT 62
nuclear club 33
Nuclear Non-proliferation Treaty 62
nuclear power 204
nuisance 128
nullify 119
numerous 93, 144
nuptial 91
NYPD 23

O

obesity 227
obliteration 138
obscure 148
obstacle 130
obstruct 102
Occupy Wall Street 39
OECD 61
offender 210
offense 211
officer 169
official 169
offset 119, 198
oil concession 202
oil refinery 202
oil rig 202
oil tanker 44
oil well 202
old enemy 40
oligarchy 172
oligopoly (market) 190
on one's home turf 73
on one's own 69
on the brink of 162
on the sidelines 73
on the verge of 162
on trial 216
101 168
one-child policy 41
one-off 95
OPEC 61
opinion poll 182
opium 81, 209
opponent 128, 129, 181

opposite camp 181
opposition party 170
optimism 140
orbit 230
ordinance 132
ore 201
organ transplant 228
Organisation for Economic Co-operation and Development 61
organised crime 211
organism 228
Organization of Petroleum Exporting Countries 61
oust 184
out of the woods 161
outbreak 229
outcome 135
outdo 109
outfit 54
outlook 136
out-of-court settlement 215
outplay 107
output 49, 199
outrage 147
outraged 147
outrageous 146
outskirts 138
outsourcing 199
outstanding 149, 193
outweigh 114
overdo 93
overdraft 192
overheads 198
overload 206
override 115
oversee 71
overstate 117
overthrow 184
overweight 227

P

P/L statement 198
Pacific Ring of Fire 32
pandemic 229

pansioner 221
parallel 71
paramedic 209
parliament 170
parole 217
participate in 124
party lines 180
pass a bill 170
pass the buck 157
patent 67, 218
patriotism 188
pave the way for 98
pay the price 156
Peace Corps 221
pecking order 168
peculiarly 16
peddle 120
pend 53
pension 221
Pentagon 22
People's Republic of China 41
per capita 49
per se 155
peril 144
perilous 144
peripheral 147
periphery 138
perish 185
perplex 119
persona 168
persona non grata 176
personal finances 196
personnel 190
perspective 136
pessimism 140
pester 109
peter out 123
petrol 202
Pew Research Center 57
phantom 141
phase out 123
phase-out 123
phD 220
phenomena 91
phenomenon 91

philanthropy 221
phishing 207
pick 181
piety 224
pillar 129
pious 146
pipsqueak 65
pirated goods 213
pivotal 142
placebo 229
plague 109
plaintiff 215
plateau 121
plausibility 139
plea agreement 216
pledge 99
plentiful 143
plot 131
ploy 131
plug 81
plummet 107
plunge 20, 107
PM 22
point a finger at 157
point of view 136
police raid 211
policymaker 93, 170
polish 113
political arena 171
political asylum 176
political clout 174
politicking 180
ponder 104
Ponzi scheme 213
poppy 209
popular uprising 44, 183
populism 172
pork barrel 173
portfolio 194
post 207
postulate 131
POW 188
power 20
power company 203
power equipment 83

power generation 203
power grid 81
power station 81
power utility 55, 203
powerhouse 20, 65
practically 154
pragmatic 40
praise 110
preconception 135
predecessor 190
predict 93
predisposition 135
pre-existing condition 228
preferred share [stock] 194
prejudice 134
preliminary hearing 215
premier 169
premise 131
prerogative 174
presidency 180
President of the People's Republic of China 41
presidential election 180
press conference 226
prevalent 146
prices at the pump 202
priest 224
prime minister 22, 169
principal 219
prisoner of war 188
private capital 196
private company 55
private equity 194
private-equity firm 55
privilege 174
pro bono 23
probation 217
probe 230
proceeds 197
procure 139
procurement 83, 139
production 199
profit 197
profit margin 231
profit-and-loss statement 198

proliferate 93
prolong 153
prolonged 153
prom 220
prominent 149
promote 98
prompt 112
promptly 154
prop up 101
property tax 175
proponent 128
prosecution 215, 216
prosecutor 215
prospect 136
prosper 100
prostrate oneself 123
protagonist 89, 129
protectionism 200
protectionist 83
protectionist measures 19
proverbial 152
provocation 187
provocative 69
provoke 112
public company 55, 67
public health insurance 37
public opinion polls 57
public outcry 183
public spending 173
public utility (company) 55
publicity 226
publishing house 54
pull ~ out of the fire 69
pupil 218
put one's money where one's mouth is 159
Pyongyang 17

Q

QE 47
quake 208
quantitative easing 47
quarrel 132, 133
quarter 197
quid quo pro 155

quotation 190

R

racial discrimination 37
racism 37
radiation 204
radiation exposure 204
radioactive 204
rage 112
raise funds 221
raise interest rates 46
raison d'être 156
rally 69, 130
rally the troops 75
Ramadan 224
ramification 135
rampant 146
ransom 211
rapport 177
rare earth 201
rating company 57
rating firm 57
ravage 106
raw-materials 199
raze 106
reach a record high 233
ready-made meal 91
real estate agency 54
real GDP 50
real politics 182
rearm 69
rebel 183
reboot 206
rebuke 116
recall election 179
recession 189
recipient 228
reckon 85, 121
recount 81
recoup one's losses 231
red ink 197
red state 36
red tape 85
redouble 26

redress the trade imbalance 200
reel 108
re-election 179
referendum 170
refinance 193
refined oil 202
reflect on 104
refugee 176
regime 172
regime change 184
regiment 187
rein in 124
reinforce 101
relentless 53, 150
reliability 139
relief activities 208
relinquish 111
remittance 192
renewable energy 204
renounce 111
renowned 149
repeal 103
repel 75
repercussion 135
report card 218
reportedly 24
Representative 35
repression 136
reprimand 116
reprisal 134
Republican 35
rescind 103
rescue operations 208
research outfit 65
resentment 133
reservations 136
resolute 145
resolution 170
restrain 101
restrict 101
restructuring 191
retaliate 134
retaliation 134
retool 199

retribution 134
revalue 48
reveal 114
revelation 136
revenge 134
revenue 173, 197
revere 108
reverence 108
revoke 103
rhetoric 71
ride[run] roughshod over 160
ridicule 117
rife 146
rig 182
right wing 172
rigorous 151
riot 183
riot police 183
ripple effect 165
rising power 20
ritual 224
robber 210
robber baron 196
robbery 211
robust 26
rocket science 167
roll out 235
room 26
rover 230
row 133
ruin 106
rule 217
rule out 125
ruling 217
ruling class 222
ruling party 170
running mate 180
running water 223
running-mate 34
run-off 179
run-up 67
ruse 58
Russia's parliament 42
Russian Federation 42
ruthless 150

s

S&P 57
sabbatical 219
sales 197
sales pitch 231
sales talk 231
sales tax 175
salient 71
salvage 99
sarcasm 140
SAT 220
scam 213
scandalous 147
scant 143
scapegoat 166
scarce 143
scare 113
scheme 131
schism 131
schizophrenia 154
schizophrenic 154
Scholastic Assessment Test 220
school report 218
school voucher 38
sclerosis 227
scoff at 116
scores of 144
scorn 116
scramble to do 16
screen 89
seasoned 143
secession 177
Secretariat 59
sect 224
sectarian 184
secular 184
secure 91
securities 194
securities firm 54
security 193
Security Council 59
security force 183
seed money 196

seize 77, 212
seizure 212
self-immolation 184
semblance 75
semester 218
Senate 35
Senator 35
senator 95
senior 219
sentence 217
Seoul 17
sequence 230
sequence a genome 230
serve time 217
set-top box 67
shackle 102
shale gas 201
shambles 139
shame 135
share 194
shareowner 194
shell 187
shelter 208
shoot up 105
shorn of 71
short selling 194
short-term interest rate 46
shutdown 199
sic 25
sideline 106
sidestep 115
signatory 62
signifier 104
signify 104
silver lining 164
singledom 89
single-person household 221
singleton 89
singlish 93
sink 107
Sino- 33
Sisyphean task 225
sit on the fence 158
sitting 181
sizeable 143

skyrocket 105
slash 104
slavery 223
slay 211
slayer 211
slog 81
sluggish 148, 189
smack 67
small-time 71
smear campaign 180
smuggle 210
snafu 167
snag 130
SNS 207
so far 85
soar 105
social mobility 222
social networking service 207
social unrest unrest 177
socialism 172
sociologist 93
soil 21
solar farm 203
solar panel 203
solicit 115
solitude 89
solo 89
soothe 98
sophomore 219
sorrow 133
soup kitchen 221
souped-up 153
sources 23
sovereign 169
sovereign bond 47
sovereign debt crisis 47
sovereignty 169
Soviet bloc 32
space exploration 230
spacecraft 230
spaceship 230
sparkle 67
spat 132
special election 179
special envoy 75

specify 115
spectre 141
speculation 65
speculator 195
spell 139
spike 128
spillover effect 165
spin-off 89
spoil 121
sponsor 95
spook 141
spooky 141
spur 26, 98
squabble 132
squad 186
stagflation 51
stagger 108
stagnation 189
stakeholder 127
stalemate 132
stall 26
stalled 71
stamp out 124
stand at 65
Standard & Poor's 57
Standard & Poor's 500 Stock Index 38
standstill 132
startle 118
start-up 54
starvation 223
state government 171
status quo 155
steam 134
stellar 67
stem the tide 95
stiff 67, 79
stint 139
stipulate 115
stir up 98
stock 194
stock exchange 194
stock index 194
stock [equity] market 194
stockholder 194

strain 229
Strait of Hormuz 44
streamline 235
stretch 139
stretch the budget 197
strife 185
strike a balance (between A and B) 158
strike a deal 83
strive to do 81
stroke 227
stronghold 185
stubborn 145
student loan 220
stumble 122
stumbling block 130
stump speech 180
stun 118
stunt 79
subcontractor 190
subdue 145
subdued 145
submerge 107
submit to 118
Sub-Saharan Africa 31
subsequently 65
subsidiary 54
subsidise 77
subsidy 173
substantial 143
succeed to 233
successor 40, 190
succumb 118
suicide bomber 188
suit 214
summon 215
superpower 20
suppression 136
supreme court 214
surge 75, 128
surpass 109
surplus 197
surplus fund 87
surrender 40, 118
surveillance 77

survival of the fittest 163
susceptible 144
suspect 210
suspended sentence 217
sustainable energy 204
swap 91
sway 108
sweat shop 223
swell 128
swiftly 154
swindle 213
swing 49
swing state 36
swing voter 179
syndicate 190
synthetic insecticide 75
system 171

T

tackle 100
tactic 131
tail wind 165
taint 121
take aback 118
take account of 65
take advantage of 102
take heart 126
take its toll 53
take its [a] toll 156
take on 233
take over 233
take part in 124
take the fifth 36
take the stand 216
takeover 191
tangible 150
tank 186
tantamount to 162
tap 103
tap into 71
taper off 123
tariff 200
taunt 117
tax break 93, 175

tax deduction 175
tax evasion 175
tax haven 175
tax reform 175
tax return 175
taxation 175
TB 227
tech-giant 55
technical hitch 206
technocrat 172
teem with 83, 126
telling 150
telltale 150
tenure 182
term 139, 218
territorial dispute 177
test the water(s) 159
testament 65
testimony 216
text message 206
texting 206
The competition is fierce. 232
The genie is out of the bottle. 166
theocracy 172
theoretically 154
thermal power 204
38th parallel 32
thrive 100
thug 210
thuggery 210
thump 79
thwart 102
Tibet 41
ticket 181
tidal power 204
tie the knot 95
tier 140
tighten monetary policy 46
time out 53
tip the scales 115
tip-off 212
tissue 228
titan 56
Tokyo 17, 69

tolerate 120
toll 75
too big to fail 192
too close to call 182
too good to be true 18
top brass 189
top-heavy 71
topple 184
torment 119, 119
torpedo 186
torture 119, 188
totalitarian regime 172
tote 89
-toting 89
touchstone 137
tout 120
trade barrier 200
trade deficit 200
trade imbalance 200
trade liberalisation 200
trade surplus 200
trading company 200
trading partner 200
trafficker 210
tragedy 138
traitor 183
transformer 81
transgression 211
translate into 124
transparency 131
travel agency 54
travesty 214
treasure trove 165
trepidation 137
trial and error 232
tribal areas 31
tribunal 214
trickle-down theory [effect] 52
tricky 75
trimester 218
troll 207
troops 186
trove 165
trustbuster 190
tuberculosis 227

turmoil 138
turn oneself in 212
turnout 182
tussle 67
tweak 122
tycoon 56
type-A personality 168

U

UAE 89
ubiquitous 75, 146
UK 43
UN 59
unattached 91
Uncle Sam 17
under duress 211
under fire 161
under house arrest 183
under way 161
undercapitalised 196
undergraduate 219
underlying cause 234
underpin 101
underpinning 101
undertake 45, 233
underwater 193
unearth 114
uneasiness 137
unemployed 221
unemployment benefits 221
unemployment rate 189
unequivocal 148
unidentified 24
unique visitors 205
United Arab Emirates 89
United Kingdom 43
United Nations 59
universal 77
unpaid 193
unprecedented 75
unravel 113
untangle 113
unveil 67, 114
unwind 113

up one's sleeve 16
up to scratch 162
upbraid 116
upcoming 147
upheaval 138
uphold 111
uphold (the constitutionality of) the law 214
upshot 135
upside 128
upstart 73
upswing 128
uptick 128
urge 98
utilisation 103
utilise 103

V

vague 148
valid 139
validate 105
validity 139
valuation 65
value-added tax 175
vanquish 108
variable-rate 191
variant 229
vary 91
VAT 175
vein 228
vendetta 133
venerate 108
venture capital 196
venue 127
verdict 217
verify 105
veteran 188
veto a bill 170
vex 109
viability 131
vice-president 22
vicious 146
vicious circle 164
vicious cycle 164
video conference 190

vilify 116
villain 210
vindicate 117
violate 214
violation 218
virtuous cycle 164
vital 142
vital signs 229
voter turnout 182
voting base 179
VP 22
vulnerability 144
vulnerable 93, 144

W

wage (a) war 185
wake-up call 166
wane 120
wanted list 211
warhead 186
war-renouncing 69
warship 186
wary 85
Washington 17
wastewater 201
water boarding 188
water down 126
watered-down 126
wax 120
weapon of mass destruction 186
wedge issue 180
wedlock 93
weigh in 125
weigh on 125
welfare 221
well off 160
well-being 221
well-heeled 160
well-off 160
well-to-do 160
whistleblower 165
white blood cell 228
White House 22
Whitehall 22

WHO 60
whopping 65
wicked 146
widow 91
widower 91
Wild West 205
wildfire 208
wind down 123
wind farm 203
wind turbine 203
wind up 123
wire 192
wiretap 103
with gusto 69
withstand 120
WMD 186
wobble 108
wobbly 108
woe 81, 133
woeful 133
work out 234
workforce 190
workshop of the world 41
World Bank 60
World Health Organization 60
World Trade Organization 60
worship 108
wow 65
wrangling 132
wrath 134
wrestle with 100
writ large 154
wry 150
WTO 60

X·Y·Z

Xinjiang Uyghur 41
yardstick 137
yesteryear 91
yield 77, 194
yield to 118
zero sum game 167

253

「エコノミスト」で学ぶビジネス英語

2012年11月4日　第1刷発行

著　者　　松井こずえ

発行者　　浦　晋亮

発行所　　IBCパブリッシング株式会社
　　　　　〒162-0804 東京都新宿区中里町29番3号 菱秀神楽坂ビル9F
　　　　　Tel. 03-3513-4511　Fax. 03-3513-4512
　　　　　www.ibcpub.co.jp

印刷所　　株式会社シナノ

© IBC Publishing, Inc. 2012
Printed in Japan

落丁本・乱丁本は、小社宛にお送りください。送料小社負担にてお取り替えいたします。
本書の無断複写（コピー）は著作権法上の例外を除き禁じられています。

ISBN978-4-7946-0176-6